HAZLO CON HUMOR

JENNIFER AAKER
Y NAOMI BAGDONAS
HAZLO CON HUMOR
Por qué el humor es un superpoder
en el trabajo y en la vida
Traducción de María Enguix Tercero

Planeta

Obra editada en colaboración con Editorial Planeta – España

Título original: *Humour, Seriously*

© Jennifer Aaker y Naomi Bagdonas, 2020

© por la traducción, María Enguix Tercero, 2024
Corrección de estilo a cargo de Harrys Salswach
Composición: Maria García

© 2024, Editorial Planeta, S. A. – Barcelona, España

Derechos reservados

© 2024, Editorial Planeta Mexicana, S.A. de C.V.
Bajo el sello editorial PLANETA M.R.
Avenida Presidente Masarik núm. 111,
Piso 2, Polanco V Sección, Miguel Hidalgo
C.P. 11560, Ciudad de México
www.planetadelibros.com.mx

Primera edición impresa en España: mayo de 2024
ISBN: 978-84-19812-56-8

Primera edición en formato epub: septiembre de 2024
ISBN: 978-607-39-1968-5

Primera edición impresa en México: septiembre de 2024
ISBN: 978-607-39-1514-4

Impreso en los talleres de Impresora Tauro, S.A. de C.V.
Av. Año de Juárez 343, Col. Granjas San Antonio,
Iztapalapa, C.P. 09070, Ciudad de México
Impreso y hecho en México – *Printed and made in Mexico*

A nuestros padres, abuelos y Connor
(que no es ni lo uno ni lo otro).

A Carla, Andy y las innumerables personas
que nos han acompañado en este viaje.

A los que hacen el bien y consagran
su vida al servicio de los demás.
Al presente.

¡Mira este día!
Porque es la vida,
la vida misma de la vida.

KALIDASA

ÍNDICE

PRÓLOGO
EL HUMOR NOS HACE HUMANOS

Vamos a hablar de humor. Pero antes, hablemos de historias.

Una historia típica se compone de tres actos que se desarrollan más o menos así: el primer acto explica al público cuál es el problema y por qué debería importarle. En el segundo acto todo sale mal, rematadamente mal. En el tercer acto, al contrario de lo que sucede en la vida real, todo se resuelve. Pero, al igual que en la vida real, nadie sabe cómo terminará la cosa.

En nuestras películas de Pixar, buscamos historias que tuvieran un significado, algo que resonara en nosotros personalmente, que fuera fruto de nuestras experiencias colectivas, que iluminara la diversión y los juegos, las aventuras y los desengaños. Ella no era una rata común, sino una ratita valiente con grandes sueños de convertirse en un chef de talla mundial.

Descubrimos que la mejor forma de que las personas captaran este significado a un nivel fundamental y emocional era transmitirlo con humor.

De hecho, resulta muy difícil transmitir un significado más profundo sin humor. Todo se vuelve demasiado evidente, poco sutil. No cala; parece una conferencia. Y nadie quiere que una rata con un gorro de chef le dé una conferencia.

El humor no tiene que ver con los chistes o con la arbitrariedad, sino que, para que resuene, debe nacer con naturalidad de los propios personajes. El espacio y la textura que crean humor en la narrativa de una película, o el arco de un personaje, es lo que crea significado para el público.

La vida también tiene que ser así.

Todos queremos que nuestra vida tenga un significado. Y, sin embargo, hay momentos en los que el trabajo y la vida se vuelven serios y duros, banales y estresantes. El sentido del humor no solo interrumpe y compensa la seriedad, sino que también permite que el significado aflore. Los momentos inesperados con los compañeros de trabajo, la pareja, la familia y los amigos sacuden las cosas y te mantienen alerta. Definen tanto la forma de tu relación como los momentos difíciles. Jugar y estrechar lazos en los buenos momentos tiene un enorme valor cuando las cosas se ponen más serias.

Esto no solo nos beneficia como individuos, sino también como líderes de organizaciones.

Pixar se ha enfrentado a numerosos problemas desde su creación. Problemas difíciles, serios. Problemas financieros, problemas culturales, la pérdida de miembros fantásticos del equipo que nos definían…, problemas. En esos momentos descubrí que lo que yo dijera como líder no tenía importancia, solo eran palabras que se llevaba el viento; a lo que la gente se aferraba era a mis actos. Hay que reconocer los fracasos y tomar medidas que demuestren valores reales.

Hacerlo con un sentido del humor sano —con la perspectiva intelectual, la empatía y la humanidad que el humor aporta— es una parte vital de la respuesta ante lo inesperado, de la adaptación a las nuevas realidades. Las palabras importan poco; lo que cuenta es el comportamiento y la actitud.

El sentido del humor forma parte de lo que nos hace humanos. Es un vínculo profundo y una fuente de empoderamiento. Al usarlo, no estamos restando importancia a las cosas serias; al contrario, demostramos que, a pesar de esas cosas serias, somos capaces de seguir adelante.

Y eso es exactamente lo que hace un buen protagonista de Pixar en el tercer acto. Se adapta, cambia y solventa el problema. En nuestras películas, lo hace con humor… y, a veces, con una pizca de pimienta.

Ahí donde el trabajo serio aparece salpicado de levedad es donde encontramos significado.

Que tengas una lectura rica en significado,

ED CATMULL

INTRODUCCIÓN
GRAVEDAD Y LEVEDAD

Es permisible que la ley de la levedad sustituya a la
ley de la gravedad

R. A. LAFFERTY

Una fresca tarde de octubre de 2016, un grupo de diez
científicos del comportamiento y ponentes nos subimos a
un escenario en Chicago. Veníamos de Stanford, Harvard,
Columbia y la Universidad de Pensilvania; todo un elenco
de personajes capaces de dar conferencias dormidos (y
seguramente es así) sobre temas tan diversos como la
cognición humana, la inteligencia artificial y el bienestar
humano, la distribución mundial de la riqueza, las negociaciones y la toma de decisiones.

Pero aquel día no estábamos juntos en el escenario
para dar conferencias (o dormir).

Estábamos allí para hacer *sketches* cómicos.

Ahora bien, los investigadores universitarios —como los empresarios— no son precisamente conocidos por ser graciosos (ni carismáticos, ni divertidos, ni mimosos..., queda claro). Sin embargo, los diez nos habíamos reunido durante dos días para participar en una cumbre sobre el humor en The Second City, un teatro de comedia y centro de formación de renombre mundial, porque las investigaciones realizadas hasta la fecha no podían ser más claras: el humor tiene un hondo impacto en la psicología y el comportamiento humanos. Estábamos convencidos de que esta disciplina emergente podría convertirse en una de las mayores ventajas competitivas en el mundo de los negocios. En serio.

En el transcurso de esos dos días debatimos sobre el trabajo realizado en este terreno e intercambiamos ideas sobre nuevas áreas de interés que definirían nuestras futuras investigaciones conjuntas. Abordamos cuestiones generales y elevadas, como la influencia del humor en el poder, la confianza y la creatividad, y más tácticas, como la manera de crear una broma. También nos lanzamos una pelota violeta imaginaria y gritamos cosas como «De tin marín, de do pingüé...». Todo en nombre de la ciencia.

Seguimos un curso intensivo sobre las técnicas humorísticas, impartido por Anne Libera y Kelly Leonard, expertas en comedia de Second City. Ellas han formado a Stephen Colbert, Steve Carell e incluso a algunos otros talentos que no se llaman Stephen ni derivados, como son Tina Fey, Chris Redd y Julia Louis-Dreyfus. Todo ello culminó en un emocionante *sketch* cómico en el escenario.

Esta cumbre dio el banderazo de salida a una exploración plurianual que confirma la hipótesis que nos reunió en el escenario aquel día: desde el punto de vista de la investigación, el humor es un asunto serio. Y actualmente está muy poco difundido en la mayoría de los lugares de trabajo.

Para algunos, esto se debe a un malentendido fundamental sobre los beneficios del humor: la convicción de que la gravedad y la levedad están reñidas. Pero las investigaciones revelan que las cosas son diferentes. De hecho, cuando nos negamos a tomarnos muy en serio, reducimos el estrés que se interpone en el camino del trabajo serio, creamos vínculos más importantes con nuestros compañeros y abrimos la mente a soluciones más innovadoras.

Otros captan intuitivamente por lo menos algunos aspectos del poder del humor, pero a la hora de aprovecharlo con intención, pocos saben hacerlo.

Se trata de un problema serio. Además de dejarse en el tintero un sinfín de beneficios, esta falta de levedad en nuestra vida profesional tiene consecuencias nefastas para nuestra salud física (nuestros lugares de trabajo nos están matando), nuestras relaciones (el factor más importante de felicidad en una época en la que estamos más desconectados que nunca) y nuestros equipos y negocios (que luchan por ser competitivos en un mundo que se transforma velozmente). También sospechamos que contribuye a una expresión permanente y desagradable conocida como «cara de jefe en reposo».

Hemos escrito este libro para dejar las cosas claras, para desentrañar los beneficios del humor en nuestra carrera, nuestra empresa y nuestra vida, haciendo uso de los medios más atractivos que los investigadores conocen: la ciencia del comportamiento (con la ayuda de comediantes y líderes empresariales). Aprenderás por qué el humor es tan poderoso, por qué está infrautilizado y, lo que es más importante, cómo puedes utilizarlo más y mejor.

Sí, tú. Nuestro lector preferido. El héroe de este libro. Pero basta de hablar de ti.

Sobre nosotras

Hemos pasado los últimos cinco años viviendo y respirando el estudio del humor. Jennifer, como especialista del comportamiento y profesora titular de Stanford que estudia cómo el sentido y el propósito dan forma a las decisiones de los individuos. Y Naomi, como *coach* de líderes y celebridades, que ha pasado la última década a caballo entre la estrategia corporativa y la comedia.

También somos las creadoras (y profesoras) de un curso llamado «Humor: Serious Business» (Humor: un asunto/negocio serio) en la Graduate School of Business de Stanford, donde enseñamos a algunas de las mentes empresariales más ambiciosas, inteligentes y cafeinómanas del mundo a utilizar el humor y la levedad para transformar sus futuras organizaciones y sus vidas. Nuestros alumnos de MBA obtienen los mismos créditos académicos por nuestro curso sobre el poder del humor que por el de «Contabilidad de gestión» y «Estrategias de negociación financiera».

Esto sí que es gracioso. Pero también es un asunto serio.

Pero ¿cómo hemos llegado hasta aquí? En el caso de Naomi, todo empezó con el comentario espontáneo de una cliente: «Apuesto a que sé exactamente lo que haces los viernes por la noche, Naomi».

Un comentario extraño por parte de una persona que la había contratado como consultora, pero Bonnie y Naomi habían estrechado lazos en el transcurso de los últimos tres meses. Como consultora de estrategia, Naomi supervisaba al equipo que ayudaba a la organización de Bonnie a redefinir su experiencia de cliente. El proyecto era intenso y Bonnie y ella habían pasado cientos de horas trabajando juntas.

Bonnie continuó, con toda sinceridad, describiendo su visión de la noche del viernes de Naomi. Se la imaginaba «planchando sus blusas para la semana siguiente» en un piso de paredes grises con cuadros de paisajes y un gato. Ante la insistencia, supuso que el gato se llamaba Cat.

Uf.

En un instante, Bonnie le había puesto delante un espejo que revelaba el yo profesional de Naomi, y el reflejo era descorazonador por su inautenticidad: una persona refinada y austera e irrefutablemente buena en su trabajo, pero por completo desprovista de la alegría y la personalidad que la hacían ser *ella*.

Además, la valoración de Bonnie no iba desencaminada: Naomi llevaba una doble vida. Y no era una vida apasionada de coches deportivos y hoteles de lujo; nadie en el trabajo sabía que Naomi estudiaba y se dedicaba a la comedia de noche, y ninguno de sus amigos comediantes estaba al corriente de que asesoraba a clientes de Fortune 50 de día. Durante años mantuvo estas actividades cuidadosamente compartimentadas; al fin y al cabo, ninguna de ellas ofrecía «habilidades transferibles» a la otra.

No obstante, al analizarlo más de cerca, Naomi descubrió el increíble poder del humor fuera de la comedia: cómo había moldeado sus amistades más importantes, disipado los momentos de tensión, impulsado la perspectiva y la empatía, convencido a la gente para que actuara y reforzado la resiliencia, especialmente en los momentos difíciles. Todo ello haciendo que las cosas fueran mucho más agradables.

Después de la experiencia con Bonnie, Naomi se propuso demostrar que podía ser más alegre en la oficina y jugar con la carta del humor en el trabajo. Y que podía ayudar a sus clientes a hacer lo mismo.

Jennifer no tenía tiempo para esas chorradas.

Para ella, el humor nunca había sido una prioridad. Claro que le gustaba reírse (nota: es imposible escribir esta frase sin parecer una sociópata), pero le interesaba mucho más investigar, escribir y cumplir con su trabajo.

Este punto de vista cambió fundamentalmente para ella en 2010, cuando, con su marido, escribió un libro, *The Dragonfly Effect* [El efecto libélula] sobre el poder de las historias y las redes sociales para producir cambios positivos en el mundo. Durante el primer año tras el lanzamiento del libro trabajó con un grupo de estudiantes de Stanford llamado 100K Cheeks, aplicando las herramientas del libro hacia el objetivo de conseguir que más de 100 000 nuevas personas se inscribieran en el registro nacional de donantes de médula ósea.

Fue entonces cuando conoció a Amit Gupta, uno de los diecisiete pacientes con los que trabajó. A Amit le habían diagnosticado leucemia y necesitaba un trasplante de médula ósea, pero ninguna de las personas registradas en el Programa Nacional de Donantes de Médula Ósea era un donante compatible. Así que él y sus amigos se propusieron llegar al mayor número posible de surasiáticos y convencerlos de que se inscribieran en el banco de donantes.

Si bien Amit estaba preso en uno de los pozos objetivamente más sombríos de la experiencia humana, Jennifer vio cómo él, sus amigos, parientes y compañeros se las ingeniaban para llenar de humor y levedad cada resquicio que les permitía su campaña.

En su sitio web (AmitGuptaNeedsYou.com), Amit recibe a los visitantes con una camiseta roja muy boba y una sonrisa igual de boba. «Las donaciones de médula ósea siguen un proceso similar al de las donaciones de sangre. Es indoloro, pero aburrido». Amit publicó en Twitter y Tumblr mensajes relajados sobre su búsqueda de donante, y organizó actividades de donación de médula ósea a domicilio en las que bromeaba diciendo que los invitados debían «*BYOSA: bring your own South Asian*» (TATPS: trae a tu propio surasiático) y «fiestas de muestras» en bares de moda de Nueva York. Además, se asoció con DoSomething.org para reclutar comediantes para la campaña, como en el caso de un anuncio distendido (pero sentido) de interés público en el que Aziz Ansari y Chris Pratt instaban a los estudiantes a «soltar un escupitajo por el cáncer».

Funcionó. El 20 de enero de 2012, Amit encontró al donante compatible.

Mientras se enfrentaba a su propia mortalidad, Amit cultivó la levedad y eso lo volvió —a él y a todos los que lo rodeaban— una persona más motivada, dinámica y eficaz a la hora de conseguir donantes. Después de ver a Amit persistir, movilizarse y, por último, sobrevivir a esta enfermedad sanguínea mortal, Jennifer comprendió que el humor podía motivar a la gente hasta un punto que ella jamás había imaginado.

* * *

Gracias a estas experiencias, comprendimos que habíamos subestimado muchísimo el potencial del humor como factor transformador del terreno profesional y personal. De modo que decidimos estudiarlos ambos.

Naomi se sumergió de lleno en el estudio de la comedia y se trasladó a Los Ángeles para aprender de sus héroes cómicos y formarse en el Upright Citizens Brigade Theatre, mientras integraba los principios de la comedia en su trabajo de *coaching* con ejecutivos.

Jennifer recurrió igualmente a la investigación, en concreto a la ciencia conductual del humor, su influencia en las motivaciones, las decisiones y la salud emocional y física de las personas, y la forma de aprovecharla para que tuviera un impacto considerable en el mundo. Todo ello sin dejar de reír (y no de una manera sociópata).

Pero la verdadera magia —la apoteósica, tipo David Copperfield, capaz de hacer desaparecer la Estatua de la Libertad— empezaría cuando reuniéramos estos dos mundos.

Nos conocimos en 2014, después de que Jennifer invitara a Naomi a dar una charla en su curso «El poder de las historias» sobre un tema sin ninguna relación: cómo combinar las historias y los datos de forma eficaz.

Jennifer observó la reacción de los estudiantes durante la charla de Naomi y se quedó patidifusa al ver que se reían —de manera histérica— mientras adquirían conocimientos sobre los sistemas neuroquímicos del cerebro y el análisis factorial.

Repitámoslo por si alguien no lo entendió: los estudiantes se reían mientras aprendían neurociencia y métodos estadísticos. Es más, Jennifer observó que los estudiantes aplicaron los conceptos de Naomi a lo largo del semestre y que los recordaban perfectamente ocho semanas más tarde.

Cuando nos llamamos por teléfono para comentar el curso al final del trimestre, lo que había empezado como un simple resumen se convirtió en una apasionada exploración de las preguntas que inevitablemente nos conducirían a este libro y a ti, lector: ¿qué pasaría si nos juntáramos para combinar la ciencia conductual del humor con los principios de la comedia y aplicar esta combinación a los negocios de una forma realmente provechosa? ¿Nos permitiría entablar unas relaciones personales más profundas? ¿La gente podría rendir más y ser más feliz en el trabajo? ¿Supondría una transformación radical de las empresas y quién sabe si del mundo?

Así que afilamos nuestras plumas y empezamos a escribir. Este libro es nuestro empeño en responder a estas preguntas.

Qué hemos estado haciendo

En los últimos seis años, nuestra colaboración ha consistido en realizar una cantidad vertiginosa de investigaciones y experimentos en el mundo real y construir una hermosa amistad en el camino.* En concreto:

Hemos realizado estudios en los que han participado más de 1.5 millones de personas de 166 países con el objetivo de entender cómo y por qué funciona (o fracasa) el humor, cómo difiere a lo largo de la vida y de una cultura a otra, la relación matizada entre el humor y el estatus y, en particular, cómo aquellas personas que se creen poco graciosas se vuelven graciosas (o menos «poco graciosas»).

Hemos recorrido a fondo la investigación empírica en psicología (por ejemplo, la toma de decisiones y la motivación), sociología (por ejemplo, los movimientos

_____

(*) Que uno de nuestros estudiantes describió en una evaluación del curso como «incómodamente cercana».

sociales y la identidad narrativa) y la neurociencia y la biología (por ejemplo, la química cerebral y la fisiología de la risa). Y luego, por darnos el gusto, hemos seguido investigando más a fondo.

Nos hemos formado en algunas de las mejores instituciones de comedia del mundo, desde la comedia de *sketches* en Second City hasta la comedia de improvisación en Upright Citizens Brigade y Groundlings Theater. Pasamos cientos de horas practicando y luego actuando en teatros de improvisación escasamente iluminados, y experimentamos de primera mano qué se siente al fracasar una y otra vez. Y luego, poco a poco, ir mejorando.

Viajamos a lo grande* por todo el país para conocer a comediantes de la vida real que compartieron con nosotras su sabiduría y sus secretos. Hablamos con Norman Lear sobre el poder del humor para explotar un filón cultural, entrevistamos al fundador de *The Onion*, Scott Dikkers, para que nos hablara de su proceso creativo, y preguntamos a la comediante Sarah Cooper en qué se había inspirado para grabar sus videos de sincronización labial. Acorralamos a Jimmy Fallon entre las bambalinas de *The Tonight Show* y enviamos lápices perfectamente afilados a Seth Meyers porque una vez mencionó en voz baja, apenas audible, que le gustaban. Nuestro proceso fue académico, encantador y nada invasivo.

Entrevistamos a cientos de líderes de todas las industrias. Hablamos con presidentes de corporaciones de

---

(*) Con esto queremos decir que volamos en avión. En clase turista.

todo tipo, desde gigantes tecnológicos como Twitter y Google hasta empresas de capital de riesgo como Andreessen Horowitz y consultoras creativas como IDEO o canteras de comediantes como *Funny or Die* y *Saturday Night Live*. Entrevistamos a líderes políticos, como la exsecretaria de Estado estadounidense Madeleine Albright, acerca de lo mucho que el humor la ayudó en la diplomacia y las negociaciones cuando había mucho en juego.

Pasamos una hora jugando a la pelota con un perro muy simpático, solo para darnos un respiro.

Consumimos un cargamento de comedias. Naomi pasó cientos de horas asistiendo sola a espectáculos de improvisación y monólogos porque no lograba hacer amigos lo bastante rápido como para seguir con su ~~adicción~~ investigación. Jennifer vio todos los episodios de *Saturday Night Live* desde 1975, hizo que *Prohibido nacer* de Trevor Noah fuera una lectura obligatoria para todos sus hijos (y estudiantes, pero ellos se habían apuntado) y vio *The Comeback Kid* de John Mulaney tantas veces que ahora el texto se le escapa de la boca con frecuencia y en contra de su voluntad.

Luego pusimos a prueba nuestras ideas para comprobar si se sostenían.

Organizamos talleres en empresas como McKinsey, Deloitte y Forrester. Y también en un puñado de empresas que no hacen consultoría, pero la cuestión es que, si los consultores de gestión pueden aprender a explotar el humor, hay esperanza para todos nosotros.

Incorporamos estos principios en charlas y sesiones de *coaching* con ejecutivos y famosos, desde los *sets* de *The Tonight Show* y *Saturday Night Live* hasta las reuniones de personal empresarial, pasando por los discursos de las campañas políticas o las conferencias pronunciadas en reuniones de Naciones Unidas.

Hemos impartido cursos a cientos de ejecutivos y MBA de Stanford, que han puesto en práctica nuestros principios de maneras que superan nuestros sueños más descabellados: un emprendedor en serie que creó un manifiesto de empresa impregnado de humor; un ingeniero que construyó una instalación artística para visualizar los matices culturales del humor; una científica de la alimentación que se declaró a su novio* de entonces creando un cómic de su vida en común, y muchas cosas más.

En cada ocasión, nuestros hallazgos pusieron en tela de juicio la falsa dicotomía entre la gravedad y la levedad y revelaron los profundos beneficios de una vida nutrida de levedad. Si hay algo que nuestra investigación deja claro es que no necesitamos tomarnos tan en serio para afrontar cosas serias.

El equilibrio entre la gravedad y la levedad da poder a ambas.

Que, por supuesto, es la razón por la que estamos todos aquí.

(*) Una historia con un «novio de entonces» implica un final que puede seguir dos caminos. En este caso, fueron felices para siempre.

El plan de actuación

Si eres como los empresarios que conocemos, probablemente te gusten los planes de actuación. Y las hojas de ruta. Y las hojas de ruta para navegar por los planes de actuación. (¿Quizá un manual de estrategia?) Así pues, esto es lo que puedes esperar en los próximos capítulos.

Capítulo 1: El precipicio del humor. Antes de aprender a utilizar el humor con más eficacia en el trabajo, debemos entender qué es lo que nos frena. Desmitificaremos cuatro de los mitos más comunes sobre el humor en el trabajo y compartiremos un marco importante para entender la relación entre levedad, humor y comedia. A continuación, exploraremos cuatro tipos distintos de humor y te ayudaremos a identificar el tuyo. Porque ¿a quién no le gusta una buena tipología?

Capítulo 2: Tu cerebro y el humor. Ahondaremos en la ciencia: cómo está programado nuestro cerebro para responder al humor y a la risa, y cómo la investigación conductual ha demostrado que el humor (entre otras cosas) aumenta la percepción del estatus, acelera el camino hacia una conexión significativa, desbloquea la creatividad y la innovación, y fortalece la resiliencia.

Capítulo 3: Anatomía de la diversión. A continuación nos adentraremos en el mundo del humor, comprenderemos qué hace que algo sea gracioso, entrenaremos nuestro cerebro para mirar el mundo con otros ojos y crearemos humor utilizando las técnicas de los cómicos profesionales.

Capítulo 4: Cómo perdimos 18 kilos gracias al humor (¡y tú también puedes!). ¡Es broma! El capítulo 4 no tiene nada que ver con esto. Ahora sí:

Capítulo 4: Saca al cómico que llevas dentro. Puede que comprendas intuitivamente el poder del humor y que lo uses abundantemente en tu vida «real» pero te cueste incorporarlo a la oficina. Compartiremos contigo una serie de estrategias sencillas que te ayudarán a sacarle más partido —estratégicamente— en tu trabajo diario.

Capítulo 5: Lidera con humor. Como saben aquellos que han escalado puestos en una organización, el estatus cambia la partida en muchos aspectos. Exploraremos por qué el humor es una poderosa estrategia de liderazgo y nos basaremos en las herramientas que hemos explorado en los capítulos anteriores para revelar cómo algunos de los líderes más notables y eficaces utilizan el humor para reforzar su poder, al tiempo que se ganan la confianza de sus subordinados. Porque, después de todo, en las sabias e impertinentes palabras del gurú del liderazgo John Maxwell: «Si lideras y nadie te sigue, solo estás dando un paseo».

Capítulo 6: Crea una cultura de la levedad. La cultura de una organización (al igual que los imperios y los bebés) no la crea una sola persona. Mucho más poderoso que la explotación del humor por parte de cualquier líder es crear las condiciones en las que el humor pueda surgir de cualquier parte. Mostraremos cómo una cultura de la levedad ayuda a los equipos y a las organizaciones a prosperar, y cómo tú puedes empezar a transformar tu propia cultura por medios modestos pero significativos.

Capítulo 7: Navegar por las zonas grises del humor. Lo que la gente considera gracioso —y apropiado— dista mucho de ser universal, y nadie acierta siempre. Estudiaremos las razones por las que el humor fracasa y qué hay que hacer para remediarlo, proporcionándote herramientas para reconocer tus metidas de pata, diagnosticar las situaciones y corregirlas cuando te pases de la raya. Además, te recordaremos que no hay que ser un cretino.

Capítulo 7.5: Por qué el humor es un arma secreta en la vida. No nos malinterpretes: nos interesa que te conviertas en experto de los negocios. Pero nos interesas más tú como persona y la posibilidad de que utilices los conceptos de este libro para vivir una vida mejor y más plena. Veremos por qué las lecciones de este libro van mucho más allá de tu jornada laboral.

¡Otra!

Al final de la cumbre de dos días en Second City, hicimos las maletas (incluidas las pelotas violetas imaginarias y tal), nos despedimos de nuestros colaboradores y compañeros artistas y nos separamos en el aeropuerto O'Hare. Mientras Naomi se dirigía a su puerta de embarque, sucedió algo de lo más común y corriente.

Fue a comprar una manzana a una tienda del aeropuerto.

Cuando se acercó a la cajera, le preguntó si las manzanas apiladas en una magnífica pirámide cerosa estaban a la venta. La mujer miró a Naomi de arriba abajo y le respondió secamente: «Si quiere una, fórmese en la fila». Así que Naomi lo hizo y observó a la cajera mientras atendía a un cliente tras otro. Impaciente. Lacónica. Más ácida que las manzanas Gala apiladas delante de ella.

Cuando le llegó el turno, Naomi podría haber dicho simplemente: «Quiero una manzana». Pero, tras su inmersión de una semana en el mundo de la comedia, vio la oportunidad de introducir una chispa de levedad en la interacción.

—¿Podría comprar su manzana favorita, por favor? —preguntó sonriente.

La mujer se quedó parada, confusa.

—¿Mi manzana favorita?

—Sí. La que más le guste de todas.

Luego, una sonrisita. En un abrir y cerrar de ojos, todo cambió. La mujer empezó a rebuscar en el montón de manzanas, riéndose primero para sus adentros y luego con Naomi mientras ambas inspeccionaban meticulosamente las frutas una a una. Cuando Naomi fue a pagar, la mujer le respondió, aún sonriente:

—No se preocupe. No cobro por mi manzana favorita.

Por encima de todo, el objetivo de este libro es que encuentres tus momentos manzana. Aprenderás a utilizar herramientas para introducir humor en los grandes momentos importantes, pero también en los pequeños momentos intermedios. Tanto si presentas una idea a tu equipo como si compras fruta en una tienda del aeropuerto, una pizca de levedad tiene el poder de transformar una interacción, forjar un vínculo e indicar que ves a la otra persona. Si comprendemos la ciencia, los mecanismos y las aplicaciones del humor (en nuestro cerebro, en nuestra empresa y en nuestra vida), podremos cambiar nuestra manera de ver el mundo y la manera en que él nos ve a nosotros.

Hagámoslo.

CAPÍTULO 1
EL PRECIPICIO DEL HUMOR

El humor es la mayor bendición de la humanidad.

Mark Twain

Es el primer día del trimestre primaveral en la Graduate School of Business de Stanford. Cincuenta estudiantes entran entusiasmados en una sala de conferencias, algunos preguntándose todavía si el curso en el que se inscribieron no es una elaborada broma de la administración. El curso «Humor: un asunto serio» está a punto de empezar.

Las paredes están cubiertas de pizarrones blancos y todas las sillas y mesas tienen ruedas, lo que facilita su desplazamiento. Es un entorno ideal para trabajar y muy propicio para tomar una siesta. Jennifer, en su autoproclamado papel de DJ, pone a todo volumen *Rebel Rebel*, de David Bowie. Naomi preparó un video de *Saturday Night Live* para dar comienzo a la conferencia.

Sin embargo, la inquietud flota en el ambiente.

Antes del principio de curso, cada semestre, pedimos a nuestros estudiantes que completen una «auditoría del humor», un ejercicio de autorreflexión/cuestionario sumamente personal sobre el uso del humor en su vida.* Incluye preguntas como «¿Quién o qué te hace reír más en tu vida?», «¿Con quién te sientes más gracioso?» y «Te rogamos que presentes la documentación completa de tus ingresos, gastos y activos del último año fiscal».**

Así que es comprensible que los estudiantes se sientan asustados: el sentido del humor es como un músculo, se atrofia si no se usa con regularidad. Por desgracia, constatamos que la atrofia abunda en la mayoría de los estudiantes y ejecutivos con los que empezamos a trabajar. No hay más que ver estas respuestas a la pregunta «¿Cuándo fue la última vez que te reíste de verdad?»:

- «Sinceramente, no me acuerdo. ¿Tan malo es eso?».
- «¡Estuve dándole vueltas y me quedé en blanco! Sé que me río. O al menos eso pensaba, pero ahora empiezo a cuestionármelo…».

(*) Nota: este es el tipo de auditoría más agradable, porque se centra en lo que te parece gracioso y no en la evasión fiscal (a menos que eso te parezca gracioso).

(**) ¡Sorpresa! Se trataba de un control del fisco desde el principio.

- «El martes no me reí ni una sola vez. Ni una sola vez. ¿Quién habría pensado que una clase sobre el humor podría ser tan deprimente?».

Lo bueno y lo malo de estas respuestas es que nuestros alumnos no están solos. Y no es martes.*

El precipicio del humor

La pérdida colectiva de nuestro sentido del humor es un grave problema que afecta a personas y organizaciones de todo el mundo. Todos estamos cayendo juntos por el precipicio del humor,[1] arrojándonos al abismo de la solemnidad.

En el fondo de ese abismo nos espera la mayoría de los 1.4 millones de encuestados de 166 países que revelaron en este sondeo de Gallup que la frecuencia con la que nos reímos o sonreímos cada día empieza a caer en picada en torno a la edad de veintitrés años.

Hasta cierto punto, este patrón tiene su lógica. Cuando somos pequeños nos reímos todo el tiempo. Un niño de cuatro años se ríe hasta trescientas veces al día.[2] (El cuarentón promedio, en comparación, se ríe trescientas veces cada dos meses y medio). Luego crecemos, nos incorporamos al mundo laboral y de pronto nos volvemos «personas serias e importantes» que cambian la risa por la corbata y el traje.

(*) Teníamos una oportunidad de 6 a 7 de tener razón en este punto y tomamos la iniciativa.

Precipicio mundial del humor

(datos de Gallup 2013 n = 1.4 millones)

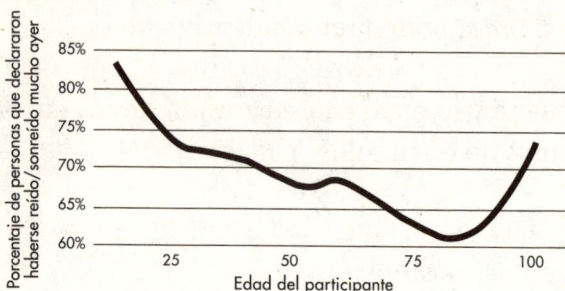

Porcentaje de personas que declararon haberse reído/sonreído mucho ayer

85%
80%
75%
70%
65%
60%

25   50   75   100

Edad del participante

En poco tiempo, perdemos por completo la levedad en un mar de balances, presentaciones de diapositivas y conferencias telefónicas soporíferas. Nuestro yo más juguetón se reprime en un terreno profesional tan complejo y dinámico que da vértigo, sembrado como está de minas sociales difíciles de prever y que resulta más seguro evitar. En consecuencia, la mayoría optamos por mantener interacciones estériles, comedidas y profesionales; vamos a trabajar cada día y dejamos en la puerta nuestro sentido del humor (y mucho más de nosotros mismos).

Esta respuesta es el signo de un malentendido fundamental de la manera de trabajar: cómo resolver problemas importantes, cómo conducirnos y tener éxito.

No necesitamos más «profesionalidad» en nuestro lugar de trabajo. Al contrario, necesitamos más de nosotros mismos y más conexión humana, máxime cuando las reuniones en persona fueron sustituidas por videoconferencias y las relaciones se mantienen cada vez más por correo electrónico exclusivamente. A veces basta una pizca de levedad para que un momento o una relación pasen de ser transaccionales y robóticos a relacionales y auténticos.

¿Qué nos frena?

Nuestras investigaciones revelan cuatro percepciones erróneas comunes o, como nos gusta llamarlas:

*Los cuatro mitos mortales del humor**

Después de encuestar a más de setecientas personas de un amplio abanico de sectores y niveles para averiguar qué les impide utilizar el humor en el trabajo, surgieron cuatro temas, cada uno arraigado en un mito que conviene desmentir. Hablamos de *Cazadoras de mitos, edición empresarial*.

EL MITO DE LA EMPRESA SERIA

Gran parte de los encuestados **cree que el humor no tiene cabida en un empleo serio**.

Al principio de nuestra carrera, este mito suele deberse a la inseguridad ligada a nuestra falta de experien-

---

(*) Una vez leímos que, si incorporas la palabra *mortal* a un título, es más probable que la gente (1) lea el contenido posterior y (2) se lo tome más en serio. Además, Nelson Cowan, el autor de *The Magical Mystery Four: How Is Working Memory Capacity Limited, and Why?*, califica el número cuatro de «mágico» y «misterioso». Por eso nos alegró tanto descubrir cuatro mitos. Nota: el libro de Cowan habría sido aún más popular si no hubiera olvidado incluir la palabra *mortal* en el título.

cia. (Esto sucede antes de que tengamos la suficiente experiencia como para saber que nadie sabe realmente nada). No queremos dañar nuestra credibilidad y que nos tomen por el pito del sereno.

Sin embargo, según las encuestas que Robert Half International y Hodge-Cronin & Associates realizaron a cientos de directivos, el 98% de los encuestados afirmó preferir a los empleados con sentido del humor, y el 84% pensaba que los empleados con sentido del humor son mejores en su trabajo.[3] Además, el humor no solo afecta a la percepción que nuestros jefes tienen de nosotros, sino también a cómo nos perciben nuestros compañeros: al mostrar nuestro sentido del humor pueden ser más proclives a atribuirnos un estatus más alto y votar por nosotros para puestos de dirección.

Esta idea errónea evoluciona a medida que escalamos puestos en nuestra carrera profesional. Un mayor estatus conlleva un mayor escrutinio; cuando nos encontramos en escenarios cada vez más grandes, sentimos la presión de señalar aún más nuestra profesionalidad y «seriedad» delante de accionistas, clientes y compañeros. Es más, los líderes aseguran que la diferencia de estatus les hace más difícil mostrarse como son en realidad al tiempo que cumplen con las responsabilidades de su rol público.

Pero, ahora más que nunca, necesitan hacer las dos cosas.

Los líderes de hoy se enfrentan a una crisis de confianza; casi la mitad de los empleados cita su falta de confianza en los líderes como el mayor problema que afecta a su rendimiento laboral.[4]

Es más, cuando se pregunta a los empleados qué características inspiran confianza en un líder, las respuestas más destacadas —como «conocer los obstáculos que el líder superó» y «hablar como una persona normal»— son coherentes: los empleados de hoy en día anhelan líderes más auténticos y humanos. Ambiciosos, sí, pero también imperfectos. El humor es una poderosa estrategia de liderazgo que permite humanizarse a ojos de los empleados, romper barreras y equilibrar la autoridad y la accesibilidad. (Tan poderosa que hemos escrito un capítulo entero sobre el tema). Por ejemplo, los líderes que utilizan un humor autoirónico obtienen puntuaciones más altas en la valoración de la confianza que inspiran y sus capacidades de liderazgo.[5] Aunque los jefes en cuestión minimizaran probablemente los beneficios ligados al humor autoirónico, son muy reales.

Más allá de las señales que enviamos a nuestros empleados, una cultura que concilie el trabajo serio con la levedad y el juego puede mejorar el rendimiento del equipo. En un estudio en el que participaron más de cincuenta equipos, los investigadores analizaron reuniones de equipo pregrabadas y evaluaciones de los supervisores sobre el rendimiento, tanto inmediatamente como dos años después.[6] La presencia del humor en las interacciones del equipo permitió predecir una comunicación más funcional y un mayor rendimiento entre ellos, tanto en el momento como a lo largo del tiempo. Las culturas lúdicas permiten a los equipos prosperar, incluso (y especialmente) cuando hay mucho en juego y los tiempos son difíciles.

Por supuesto, no deberíamos hacernos los graciosos todo el tiempo, sería agotador (y contraproducente). Pero hemos oscilado tanto en la dirección opuesta que nuestras empresas están sedientas de levedad. El secreto del éxito de muchos ejecutivos brillantes que aparecen en este libro es su capacidad para lograr un delicado equilibrio entre la gravedad y la levedad; en la línea del postre que combina chocolate caliente y helado. Y ambas cosas hacen que algo (tus perspectivas empresariales y tu índice glucémico, respectivamente) suba como la espuma.*

LA LEVEDAD CREA EQUILIBRIO

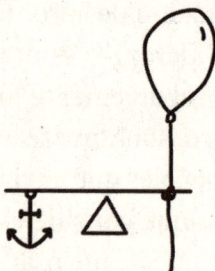

Y si este adorable globo que equilibra heroicamente un ancla no es lo bastante convincente, pasémosle el micrófono al presidente Eisenhower, que dijo una vez: «El sentido del humor forma parte del arte del liderazgo, de llevarse bien con la gente, de hacer que las cosas avancen».

(*) Nota: cuidado con la diferencia entre analogía y equivalencia. Que algo se parezca al chocolate caliente y al helado no significa que sea un sustituto. Prueba a decirles a tus hijos que pueden tomarse de postre un equilibrio entre la gravedad y la levedad, a ver cómo reaccionan.

Si Dwight David Eisenhower, el presidente menos chistoso por naturaleza después de Franklin Pierce, pensaba que el humor era necesario para ganar guerras, construir autopistas y prevenir contra el peligro del complejo militar-industrial, en ese caso será mejor que tú también aprendas a usarlo.

El mito del fracaso

Nos gustaría tener un dólar por cada vez que hemos oído a un estudiante o a un cliente expresar **un miedo profundo y paralizante a que su humor fracase.*** Les aterroriza el silencio incómodo que sigue a un chiste que no cuaja o, peor aún, la revelación posterior de que han ofendido a alguien sin querer.

Pero los estudios muestran que nos equivocamos con los fracasos. No todos los «fracasos» en el humor son iguales, y arrancar una risa tampoco implica necesariamente una «victoria».

Durante los últimos años, tres de nuestros compañeros del retiro de Second City —Brad Bitterly, Maurice Schweitzer y Alison Wood Brooks— han realizado una serie de experimentos en Wharton y Harvard para estudiar el impacto del humor en la percepción del estatus, la competencia y la confianza en uno mismo[7] y, lo que es

---

(*) Técnicamente, recibimos al menos un dólar cada vez que un alumno expresa este temor, puesto que nos pagan más de un dólar por alumno, aunque no les dejamos expresar este temor más de una vez.

igual de importante, el impacto del humor fallido en cada uno de estos aspectos.

En un experimento se pidió a los sujetos que leyeran la transcripción de las respuestas de los candidatos a una entrevista de trabajo cuando les preguntaron: «¿Dónde se ve dentro de cinco años?». Algunas de las respuestas eran serias, mientras que otras eran irónicas (por ejemplo, «me veo celebrando el quinto aniversario de la pregunta que acaba de hacerme»). A continuación se pidió a los sujetos que evaluaran a los entrevistados en función de su competencia, confianza y estatus.

Los resultados no estuvieron a la altura de lo que se esperaba. Resultó que el factor más determinante para que un entrevistado fuera percibido más positivamente o negativamente no fue si su respuesta había provocado risa, sino si se percibía como *pertinente*. En otras palabras, lo que indica estatus y competencia no es tanto el ser gracioso como el tener las agallas de gastar una broma (lo que indica confianza) y que esa broma sea pertinente en el contexto.

Este gráfico lo resume bastante bien:

PERTINENCIA / RISA

¡TIENE UN PASE! / ¡BINGO!

ESTÁS SIENDO UN CRETINO / ESTÁS SIENDO UN VILLANO

O CUANDO CREES QUE FRACASASTE
X CUANDO DE VERDAD FRACASASTE

El cuadrante superior derecho corresponde siempre al punto óptimo de lo que cabía esperar; es decir, un aumento de las percepciones en los tres factores: confianza, competencia y estatus. **¡Bingo!**

La mitad izquierda de la tabla, según nuestro fiel barómetro de la risa, es lo que solemos considerar un fracaso: es decir, nadie se rio. Pero si te encuentras en el cuadrante superior izquierdo, ¡todavía tienes una oportunidad! Incluso el humor que a la gente no le hace reír a carcajadas nos deja en mejor situación si se considera pertinente: aumenta la percepción que los demás tienen de nuestra confianza y no tiene un impacto significativo en nuestro estatus o competencia.*

La mitad inferior del gráfico es cómo definimos el fracaso; el humor que la gente considera inapropiado, haga reír o no. Caer en estos cuadrantes (la zona de los cretinos y los villanos) tiende a reducir las percepciones del estatus y la competencia.

Por supuesto, rara vez quieres ser un villano o un cretino: los cuadrantes inferiores del gráfico no son lugares hacia los que navegamos a propósito. Pero pasarse de la raya sin querer es algo que puede ocurrirle a cualquiera, y un riesgo real, sobre todo para quienes ocupan cargos muy visibles o públicos. A lo largo del libro ofreceremos herramientas para atenuar estos riesgos, evitar

(*) En los casos en los que la pertinencia de un chiste es ambigua, la falta de risas puede hacer que la gente considere la broma menos apropiada, lo que puede provocar una pérdida de estatus. Por eso siempre incluimos una pista de risas para las bromas de padre más profundas.

los errores más comunes y recuperarse (y aprender) de los fallos cuando se produzcan.

De momento nos limitaremos a redefinir el término *fracaso* en materia de humor. Y, al final del libro, se te dará mejor crear victorias humorísticas reales y evitar fracasos que son importantes.

EL MITO DE SER GRACIOSO

Ahora llegamos a uno de los mitos más espinosos: **que para utilizar el humor y la levedad en el trabajo hay que «ser gracioso».** Parece lógico, ¿verdad? Pero, lo creas o no, hay algo mucho más importante que «ser gracioso» y es sencillamente indicar que tienes sentido del humor.

Aunque no te sientas cómodo con el humor, podrás beneficiarte de él si comprendes su valor en el trabajo. El mero hecho de indicar que tu sentido del humor late con fuerza es suficiente para marcar una gran diferencia, en particular si ocupas un cargo directivo. Un estudio realizado por el investigador Wayne Decker reveló que los subordinados valoraban a los jefes con sentido del humor (con independencia de si eran graciosos o no) como un 23% más respetados, un 25% más agradables para trabajar con ellos y un 17% más amigables.[8]

Entonces veamos, ¿cómo podemos indicar que tenemos sentido del humor? A veces es tan sencillo como reírse de las bromas de los demás o aprovechar las oportunidades para distender el ambiente. Incluso una sonrisa amistosa puede funcionar a las mil maravillas. En palabras de Dick Costolo, antiguo CEO de Twitter: «No hace falta ser el más ingenioso de la sala. La forma más fácil de tener más humor en el trabajo no es intentar ser gracioso, sino, más bien, buscar momentos para reírse».

La buena noticia es que si eres como los 174 000 encuestados de Gallup, es probable que ya lo hagas mucho más fuera de la oficina.[9] Los datos revelan que, en promedio, solemos sonreír y reír mucho más los fines de semana que entre semana.

Así que has estado practicando:

Precipicio del humor, edición del fin de semana

(Datos de Gallup de 2013 n = 174 000)

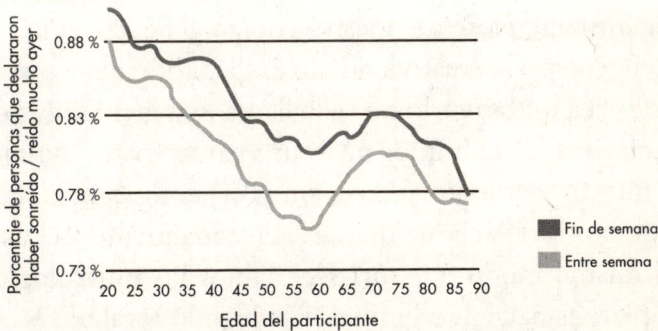

Porcentaje de personas que declararon haber sonreído / reído mucho ayer

0.88 %
0.83 %
0.78 %
0.73 %

20 25 30 35 40 45 50 55 60 65 70 75 80 85 90

Edad del participante

■ Fin de semana
■ Entre semana

Hay que tener en cuenta que la inmensa mayoría de las culturas empresariales va del aburrimiento más soporífero a la seriedad más tediosa. Y un rato divertido casi siempre vale más que un chiste en toda regla: un momento de placer que arranque una sonrisa, o un «ajá» en lugar de un «ja, ja» (o, si trabajas para un supervillano, un «muajajá»).

EL MITO DEL HUMOR INNATO

Los comediantes necesitan tanto talento como formación para triunfar. Pero mucha gente tiene la impresión de que el **humor es una capacidad innata, no una habilidad que se puede aprender.**

En otras palabras, tenemos tendencia a creer que o somos graciosos o no lo somos; como diría la investigadora Carol Dweck, tenemos una mentalidad fija. Sin embargo, gracias al trabajo de Dweck y su equipo, ahora sabemos que una serie de campos que antes creíamos que formaba parte de nuestro código genético, como la inteligencia y la creatividad, no es fija. Podemos modificarlos si adoptamos lo que ella llama una mentalidad de crecimiento.[10] El humor no es una característica binaria de nuestro código genético, sino una competencia que podemos fortalecer mediante el entrenamiento y el uso, del mismo modo que fortaleceríamos los músculos de las piernas haciendo gimnasia, subiendo escaleras y caminando hacia y desde la nevera durante las videoconferencias cuando nuestra «cámara no funciona».

Si necesitas una prueba de que el humor se aprende, viaja con nosotras cinco años atrás, cuando Jennifer fue votada por unanimidad como el miembro menos gracioso de su familia. Jennifer y su familia estaban en casa, saboreando una deliciosa cena de Round Table Pizza

NADiE NACE SiENDO GRACiOSO*

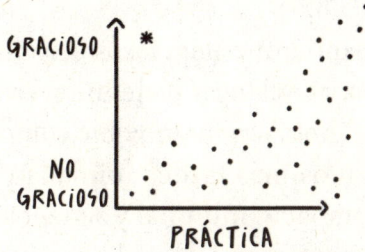

* CACHORROS QUE VEN SU REFLEJO
EN EL ESPEJO POR PRIMERA VEZ

(«cocina», como lo llama ella). Como acababa de empezar sus investigaciones sobre la ciencia del humor y siempre andaba buscando nuevos «datos», decidió hacer una encuesta familiar. Entre los participantes estaban su marido (Andy), sus dos hijos (Cooper y Devon) y su hija (Téa Sloane).

La pregunta que planteó en la mesa fue: «¿Quién es el miembro más gracioso de nuestra familia?».

Las palabras apenas habían salido de su boca cuando los ojos de los tres niños se clavaron en sus verduras. Andy espantó una mosca invisible. Jennifer se inclinó expectante.

Fue Téa Sloane (la más joven y valiente de la banda)* la que finalmente rompió el silencio. «¡Papá es el más gracioso de la familia! Y luego nosotros». Se quedó

(*) Queridos Coop y Dev, esto no es verdad; todos son igual de valientes, igual de maravillosos e igual de amados. Pero en ese momento Téa Sloane fue la más sincera, y eso a veces cuenta como valentía.

callada, mirando alrededor de la mesa para ver si olvidaba a alguien. «Mackey, nuestro perro, también. Y luego estás tú».

Los demás asintieron, silenciosos pero firmes, de un modo que sugería que el lugar de Jennifer en la jerarquía del humor familiar era tan inamovible como evidente.

Hoy, cinco años más tarde, animada por un profundo deseo de impacto mundial y redención familiar, Jennifer es la autora triunfal de un libro sobre el humor. Eso prueba que también hay esperanza para ti.

¿Cuál es mi tipo de humor?

Todo el mundo no es gracioso de la misma manera. Durante los últimos seis años hemos realizado una serie de estudios para determinar las diferencias individuales en el tema de las bromas y la forma más natural de expresar el humor. Estos estudios han permitido despejar cuatro tipos principales de humor: el monologuista, el cariñoso, el imán y el francotirador.

Comprender tu tipo de humor natural te permitirá manejarlo con precisión y presencia. La lectura de las siguientes descripciones debería darte una idea de cuál o cuáles te corresponden; para una evaluación más exhaustiva, visita humorseriously.com y responde al Cuestionario de tipos de humor o consulta el minicuestionario de la página 305.

```
                    EXPRESIVO
                        ▲
                        │
         IMÁN           │    MONOLOGUISTA
                        │
AFECTUOSO ◄─────────────┼─────────────► AGRESIVO
                        │
        CARIÑOSO        │    FRANCOTIRADOR
                        │
                        ▼
                     SUTIL
```

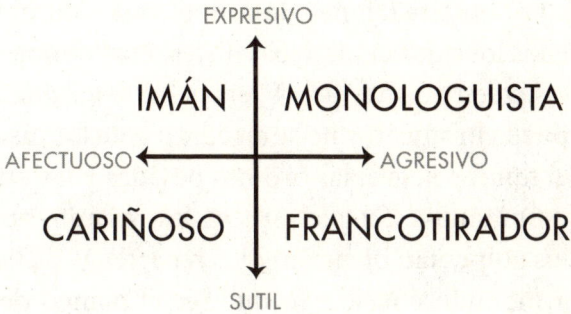

Los tipos de humor

En primer lugar, como todo buen relojero, empecemos por entender nuestros ejes. El eje horizontal se refiere al contenido del humor, desde el afectuoso (humor sano y edificante) hasta el agresivo (humor que no se anda con chiquitas y es un poco más sombrío).[11]* El eje vertical mide la ejecución, desde expresiva (fogoso, espontáneo, que busca protagonismo) hasta sutil (discreto, premeditado y lleno de matices).

1. **El monologuista (agresivo-expresivo)**
   Los monologuistas son animadores natos que no tienen miedo de buscarle las cosquillas a alguien para arrancar unas risas. Se crecen ante un públi-

(*) Este eje se inspira en el trabajo pionero de Rod Martin y Patricia Doris, aunque los detalles de nuestra definición del eje difieren de los suyos. Huelga decir que Martin y Doris ya realizaban investigaciones científicas y escribían artículos académicos sobre el tema del humor mucho antes de que se pusiera de moda. Como ocurre en la actualidad.

co y, en situaciones de grupo, casi siempre son ellos los que cuentan los chistes. Los monologuistas creen que hay pocos temas sobre los que no se pueda bromear, y no se arredran ante los insultos, el humor negro, las bromas pesadas y las críticas espontáneas. Su piel gruesa les permite encajar los golpes tan bien como los reparten y, de hecho, a menudo consideran que ser el blanco de una broma es una muestra de afecto.

Si el mundo es tu escenario y no te importa sacrificar algo de dignidad (o los sentimientos de alguien) para conseguir una carcajada, puede que tiendas al tipo monologuista.

2. **El cariñoso (afectuoso-sutil)**

Los cariñosos son sinceros y honestos, y suelen pasar desapercibidos. Prefieren que su humor sea planificado y discreto: una cuña divertida sutilmente integrada en un discurso o una presentación, en lugar de un chiste contado sobre la marcha. Sensibles y alegres, los cariñosos evitan las burlas por temor a herir sentimientos (además, prefieren no ser objeto de burlas ajenas) y más bien utilizan el humor como una herramienta para levantar el ánimo de quienes los rodean y acercar a la gente.

Si tu humor es optimista, no te interesa acaparar la atención y prefieres prever lo que vas a decir (y si va a sentar bien a los demás), puede que tiendas al tipo cariñoso.

3. El imán (afectuosos-expresivo)

Los imanes tienen la capacidad de levantar el ánimo con un buen humor inquebrantable. Mantienen una actitud positiva, cálida y edificante, evitando el humor polémico o molesto e irradiando carisma. Son muy joviales cuando hablan y, a veces, hasta un poco payasos: son muy dados a imitar a personajes. Los imanes a menudo se desternillan cuando cuentan un chiste tonto, porque es tan gracioso que cuesta contarlo, y son igual de generosos con su risa cuando otra persona entra en escena. Si haces improvisaciones cómicas (o te han dicho que deberías hacerlas), tienes fama de hacer grandes brindis en las bodas (tan sentidos como divertidos) y vuelves a casa de una fiesta con las mejillas doloridas de tanto sonreír, es posible que tiendas al tipo imán.

4. El francotirador (agresivo-sutil)

Los francotiradores son nerviosos, sarcásticos y sutiles, y no tienen miedo a cruzar líneas para hacer reír. Describen su humor como un «gusto adquirido» —un gusto que no todo el mundo podrá adquirir— y suelen expresarse con sequedad y entre dientes. En situaciones de grupo, prefieren observar lo que ocurre desde la barrera antes de reaccionar, y eso les proporciona tiempo para elaborar en silencio su próximo comentario. No esperes que se rían fácilmente; en general, la risa del francotirador hay que ganársela, y eso hace que conseguirlo sea un premio aún más dulce.

Si tienes facilidad para soltar una réplica letal con un tono perfectamente impasible y no te da miedo cruzar los límites y pasar por encima de la gente, puede que tiendas al tipo francotirador.

Adaptar tu tipo de humor

La mayoría de nosotros se hace una idea de cuál es el tipo de humor que le sale de forma más natural, pero estas etiquetas no son absolutas en ningún caso. Nuestro tipo puede variar en función de nuestro estado de ánimo, el contexto y el público. A algunos puede encantarles ser el centro de atención y contar en voz alta chistes ofensivos cuando salen con unos pocos amigos íntimos, pero son más proclives a deslizar una pequeña observación irónica si hay mucha gente. O algunos pueden ser mordaces y sarcásticos (cariñosamente) en casa con su pareja, pero mostrar un humor ligero y positivo con su equipo de trabajo.

De hecho, no solo puedes cambiar de tipo, sino que deberías hacerlo. Como muchos comediantes nos han dicho, para usar el humor con eficacia hay que ser capaz de ajustar la puesta en escena y el discurso en función de la lectura que se haga de la sala. Por ejemplo, los monologuistas y los francotiradores bromean para expresar su afecto, pero a veces no se dan cuenta de que, si lo llevan demasiado lejos, su humor puede resultar alienante para los imanes y los cariñosos. Para mantener al público de su lado, es importante que los monologuistas y los francotiradores sepan cuándo tienen que aflojar la cuerda. Por otro lado, los imanes y los cariñosos se rebajan para elevar a los demás, pero la autoironía a ultranza puede socavar su poder a ojos de los monologuistas y los francotiradores.

Nuestro tipo de humor no es innato. Lo importante no es solo conocer nuestro propio estilo —nuestras preferencias y tendencias sobre lo que nos hace gracia y cómo transmitimos el humor—, sino reconocer cuándo nos puede beneficiar cambiar de estilo. En los capítulos siguientes compartiremos historias de personas que abarcan todo el espectro de estilos. Al final, esperamos que tengas una perspectiva más amplia sobre el modo de adaptar tu sentido del humor en función del contexto, de una forma que te resulte auténtica.

Recuerda que el listón del humor en el mundo empresarial es extremadamente bajo. El objetivo no es provocar un ataque de risa, sino tan solo crear un momento de conexión. Con frecuencia, lo único que se necesita es un espíritu de levedad para transformar una relación o un momento.

«Suena bastante fácil», dices. «¡Aceptamos! Espera, ¿qué rayos es "un espíritu de levedad"?».

LEVEDAD, HUMOR Y COMEDIA

La psicóloga de la salud y escritora Kelly McGonigal establece una importante distinción entre los conceptos de movimiento y ejercicio. El movimiento, dice, es cada vez que utilizas tu cuerpo para participar en la vida. El ejercicio es simplemente la decisión de moverte con un propósito.

Utilizamos esta sencilla pero importante distinción con nuestros alumnos y clientes para explicar un concepto que es fundamental para lo que enseñamos: la diferencia entre la levedad y el humor; y, yendo un poco más lejos, la comedia.

La levedad es una mentalidad, un estado inherente de receptividad (y búsqueda activa) de la alegría. Tanto la levedad como el movimiento guardan relación con nuestra forma de movernos por el mundo: con naturalidad y, con frecuencia, sin reflexionar. Estos dos elementos influyen en todo lo que hacemos, e incluso los ajustes menores —algo tan sencillo como caminar con los hombros hacia atrás y no encorvados, o comprar una manzana en una tienda del aeropuerto con una sonrisa y no con el ceño fruncido— tienen un fuerte impacto en nuestro ánimo y en las interacciones de otras personas con nosotros.

Mientras que la levedad es una capacidad de base inherente, el humor es más intencionado. El humor canaliza la levedad hacia un objetivo específico, del mismo modo que el ejercicio canaliza el movimiento. Todos tenemos preferencias naturales en cada ámbito: puede que prefieras el yoga, el futbol o el ciclismo, del mismo modo que tu sentido del humor se siente atraído por ciertos tipos de chistes, imitaciones o gags físicos. El humor, como el ejercicio, es algo que podemos perfeccionar, algo que requiere habilidades y esfuerzo. Sienta bien* y sabemos que es bueno para nosotros, pero a veces exige trabajo.

La comedia es la práctica del humor como disciplina estructurada. Al igual que el deporte, la comedia requiere un hábil dominio de la técnica y mucho entrenamiento. El *stand-up* o monólogo, la improvisación y el *sketch* requieren cada cual su propio conjunto de competencias especializadas, lo mismo que el basquetbol, el futbol y el *hockey* requieren diferentes tipos de aptitudes atléticas. Solo unos pocos privilegiados compiten a nivel profesional; no todo el mundo quiere llegar a este nivel y no todo el mundo está capacitado para hacerlo. En este libro, nuestro objetivo no es convertirte en un profesional; no te enseñaremos a improvisar como Amy Poehler ni a contar

---

(*) Y con razón: la risa libera un gran número de las mismas sustancias neuroquímicas que una buena sesión de ejercicio, lo que produce una sensación parecida a la «euforia del corredor». Además del placer similar que procuran, estas dos clases de actividades nos preparan para reforzar nuestros vínculos personales y nuestra resistencia al estrés. En cierto sentido, Jillian Michaels y Amy Schumer hacen el mismo trabajo.

chistes como Stephen Colbert, aunque estudiaremos algunas de sus técnicas del mismo modo que los atletas aficionados observan a los profesionales y aprenden de ellos. Pero lo más importante es que te enseñaremos a moverte por el mundo con más ligereza y, con un poco de suerte, a afinar y flexibilizar tu particular sentido del humor.

McGonigal afirma que «la gente entra en pánico cuando oye la palabra *ejercicio*». Del mismo modo, nuestros alumnos entran en clase con miedo, preocupados por si esperamos de ellos que sean muy divertidos. En realidad, solo queremos animarlos a que acepten su tendencia humana natural a la levedad y disfruten de ella, lo mismo que McGonigal quiere que la gente experimente la alegría inherente al movimiento.

Si algo pretendemos con este libro es producirte una mayor sensación de levedad en tu vida cotidiana. Nos encantaría que fueras capitán del equipo en el próximo Partido de las Estrellas, pero nos importa más que te levantes del sofá y bailes cuando suene una buena canción en modo aleatorio.

Mientras tanto, en casa...

A estas alturas ya sabes más o menos lo mismo que los estudiantes de nuestra clase en la Graduate School of Business de Stanford.* Ellos finalizaron sus auditorías

---

(*) Lo que significa que tienes un diploma honorífico de algún tipo. ¡Felicidades!

sobre el humor (al igual que tú, ¡sigue leyendo!) y ahora están preparados para empezar a prestar atención a los matices del humor en su vida: dónde ven el humor en el mundo, qué les parece gracioso, quién despierta el humor en ellos y cómo lo expresan con mayor naturalidad.

A lo largo del semestre, nuestros estudiantes experimentan un cambio profundo. Lo que comienza como una primera clase aleccionadora y con frecuencia (muy) poco divertida (recuerda: «El martes no me reí ni una sola vez. Ni una sola vez. ¿Quién iba a decir que una clase sobre el humor podía ser tan deprimente?») termina con unos estudiantes que aseguran tener mucha más alegría y risa en sus vidas.

Este cambio no se limita a volverlos más graciosos: se vuelven más generosos con su risa. Ven ocasiones para el humor que, de otra forma, les pasarían desapercibidas. La actitud que consiste en buscar razones para alegrarse se convierte en un hábito.

De una forma muy concreta, aprendieron a moverse con un poco más de fluidez, a hacer ejercicio mejorando la técnica y a practicar su deporte favorito (como principiantes) con mejores resultados, como lo harás tú. Cuando caminas por el borde de una sonrisa, te sorprenderá la cantidad de cosas que te encuentras que te hacen caer por ese borde. Así que, repite con nosotras: «Prometo reírme más. Incluso el martes».

LA AUDITORÍA DEL HUMOR

¿Cómo es el humor en mi vida?*

El objetivo de este ejercicio es que seas consciente de los distintos aspectos de tu sentido del humor, para que puedas aprovecharlo más fácilmente al momento. Recuerda que se trata de activar una actitud de levedad, no de conseguir una hilaridad viral. Por eso, cuando reflexiones sobre momentos de humor, piensa también en momentos que te hayan procurado placer, alegría, diversión o sencillamente una sonrisa.

1. ¿Cuándo fue la última vez que te reíste con ganas?
2. En general, ¿quién o qué te hace reír más en la vida?
3. ¿Cuándo fue la última vez que hiciste reír a alguien?
4. ¿Con quién te sientes más gracioso? ¿Quién aprecia tu humor?

Consejo profesional: Si tienes dificultades con esta misión, busca una perspectiva externa. Pide a amigos, familiares y compañeros que respondan a las preguntas contigo (y sobre ti).

Reflexión: ¿Qué te sorprendió? ¿Algunas preguntas te parecieron más fáciles o más difíciles? ¿Qué conclusiones o preguntas te suscitaron esto?

(*) No dudes en compartirlo con tu contador. No porque sea una auditoría real, sino porque los contadores también necesitan reírse.

CAPÍTULO 2
TU CEREBRO Y EL HUMOR

El humor es por mucho la actividad más importante del cerebro humano.

EDWARD DE BONO

Hablemos de cocteles. Pero no de esos que son deliciosos, a base de tequila.

Cuando nos reímos, nuestro cerebro libera un coctel de hormonas que nos hacen sentir más felices (dopamina), más confiados (oxitocina), menos estresados (disminución del cortisol) e incluso ligeramente eufóricos (endorfinas).[1] Si incorporamos el humor a nuestras interacciones profesionales, podemos ofrecer a nuestros compañeros este potente coctel hormonal[2] y, por ende, modificar literalmente su química cerebral —y la nuestra— en el acto.

RISA,
UN COCTEL CEREBRAL

Pero la neurociencia es solo una parte de la historia. También existen numerosas investigaciones sobre el comportamiento que relacionan el uso del humor en el mundo de los negocios con un aumento de:

- **El poder**, al mejorar la percepción que los demás tienen de nuestro estatus e inteligencia, influir en su comportamiento y decisiones y hacer que nuestras ideas sean más memorables.
- **Los vínculos**, al acelerar el camino hacia la confianza y el sinceramiento en las relaciones nuevas, y permitir que nos sintamos más satisfechos con nuestras relaciones a lo largo del tiempo.
- **La creatividad**, al ayudarnos a ver conexiones que antes se nos escapaban y permitir que nos sintamos psicológicamente lo bastante seguros como para compartir nuestras ideas arriesgadas o poco convencionales.

- **La resiliencia**, al reducir el estrés en el momento, lo que nos permite recuperarnos más rápidamente de cualquier revés.

Según parece, Mark Twain observó que «la especie humana solo tiene un arma realmente eficaz: la risa». Si comprendemos con exactitud cómo esta arma secreta altera la química de nuestro cerebro, nuestra psicología y nuestro comportamiento, podremos ser más hábiles a la hora de manejarla estratégicamente.

Por eso, vamos a sumergirnos en la ciencia de estos cuatro beneficios que la risa puede aportar en el lugar de trabajo: poder, vínculos, creatividad y resiliencia.

Poder

Subir la escalera de la levedad

La primera vez que Naomi utilizó el humor en un contexto profesional de alto riesgo fue un accidente. Empezó (como todas las buenas historias) en una sala de conferencias.

Al principio de su carrera, trabajaba en The Deloitte Greenhouse, un equipo especial de consultores estratégicos que organizaban talleres para grupos de clientes prioritarios de Deloitte. Le habían pedido que moderara una sesión de dinámica de grupo para un equipo ejecutivo, cuyos miembros en su mayoría tenían entre quince y veinte años más que ella. Una joven(cita) Naomi flotaba sola en una balsa improvisada en un mar de sacos a cuadros.

Uno de esos sacos a cuadros, un hombre llamado Craig, había estado haciendo posturitas durante toda la sesión, mostrándose desconectado y escéptico. Tenía los dedos entrelazados detrás de la nuca, los hombros relajados, la silla tan reclinada hacia atrás que ponía tan a prueba la credulidad como los resortes que sostenían su silla ejecutiva. Este hombre era el macho alfa del grupo y estaba señalando claramente a cualquier persona (o primate, para el caso) quién ostentaba el estatus más elevado en la sala de conferencias aquel día.

Naomi estaba explicando cómo adaptar la comunicación a los distintos estilos de personalidad, cuando Craig la interrumpió: «¿Puede pasar a la parte en la que me enseña a hacer que mi equipo haga lo que yo quiero?».

La sala se puso rígida. En algún lugar, un disco chirrió.

Todas las cabezas se movieron lentamente de Craig a Naomi.

Sin pensarlo, ella respondió en son de broma: «Buena pregunta, Craig. Está pensando en el taller que imparto sobre control mental. Es la semana que viene y está invitado a participar».

Transcurrió un largo segundo mientras Naomi se preguntaba si acababa de tirar su carrera por la borda. Pero la sala se rio y todas las miradas se volvieron hacia Craig.

Su comentario había sido contundente, desafiante, al borde de la irreverencia. Por la dinámica de la sala, era evidente que Craig no estaba acostumbrado a que lo desafiaran, y menos alguien mucho menor que él. Sin embargo, por primera vez en todo el día, sonrió.

—La respeto —dijo, balanceándose en su silla—. Puede continuar.

—Gracias —respondió Naomi—. Eso es lo que pensaba hacer.

La energía cambió casi al instante. Durante el resto del taller, Craig se mostró interesado y respetuoso, y su equipo ejecutivo siguió su ejemplo. La sala se relajó y todos empezaron a participar con más libertad y distensión, con ideas sustancialmente mejores. Naomi también se relajó y el resultado fue una mejora en la forma de transmitir el contenido. Además, empezó a sentirse más ella misma, y pasó de un estado de miedo a un estado de presencia, compromiso y fluidez.

Después de la sesión, Craig y Naomi intercambiaron unas palabras sobre su carrera, y él parecía de buen humor. Más tarde, ella supo que Craig envió una nota a su CEO para elogiar el taller y a Naomi personalmente por su perspicacia y su dominio de la sala, un gesto que desató una cadena de acontecimientos que le abrirían nuevas puertas en su carrera.

Y todo en buena parte gracias a una broma tonta sobre el control mental. ¿O fue gracias al control mental?

GANAR ESTATUS

Un concepto clave del humor es su relación con el estatus.

En un estudio, algunos de nuestros compañeros del retiro de Second City —Brad Bitterly, Maurice Schweitzer y Alison Wood Brooks— reclutaron a participantes para que escribieran y presentaran testimonios para VisitSwitzerland, una empresa de viajes ficticia. Lo que el grupo no sabía es que los dos primeros «participantes» que leyeron sus testimonios eran ayudantes de investigación. La mitad de sus testimonios escritos de antemano era seria, y la otra mitad, divertida (por ejemplo, el testimonio serio «Las montañas son estupendas para esquiar y hacer senderismo. ¡Es increíble!» frente al testimonio humorístico «Las montañas son estupendas para esquiar y hacer senderismo, ¡y la bandera [de Suiza] es un gran plus!»).*

Cuando pidieron a los participantes que valoraran a los presentadores según un conjunto de cualidades, los de los testimonios graciosos fueron percibidos como un 5% más competentes, un 11% más seguros de sí mismos y un 37% con un estatus más alto que el resto.[3]

En resumen, una ocurrencia graciosa al final de un testimonio influyó considerablemente en las opiniones.

El humor no solo repercute en nuestra percepción de los demás, sino también en nuestra manera de tratarlos. En este mismo estudio, cuando se pidió a los participan-

---

(*) Aunque esto apenas parezca una broma, hay que entender que los estudios de investigación son vastos desiertos de lenguaje técnico árido, en los que incluso una pequeña gota de frivolidad es un oasis que se agradece. No muy diferente del Estados Unidos empresarial.

tes que eligieran a un líder de grupo para una tarea posterior, la ayudante de investigación del testimonio gracioso contó con muchas más probabilidades de salir elegida, y todo gracias a un chiste (no especialmente bueno).

Del mismo modo, ese día, en la sala de conferencias con Craig, Naomi utilizó una pizca de humor que indicó valentía, confianza y agilidad mental, lo que aumentó la percepción de su estatus y poder.

PARECER INTELIGENTE

Se ha comprobado en repetidas ocasiones que el sentido del humor —tanto la capacidad de producir humor como de apreciarlo— tiene una correlación con los niveles de inteligencia.

En un estudio muy inspirado, los investigadores Daniel Howrigan y Kevin MacDonald[4] pidieron a los participantes que respondieran con humor a preguntas ridículas («Si pudieras experimentar lo que es ser un animal diferente por un día, ¿qué tipo de animal no te gustaría ser y por qué?») y dibujaran «la representación más graciosa y divertida que puedas hacer de cada animal».

A continuación, un jurado anónimo evaluó las fotos y los relatos de los participantes en función de su humor. Los participantes cuyas propuestas fueron consideradas más graciosas habían obtenido las puntuaciones más altas en pruebas de inteligencia general realizadas previamente.*

A diferencia de llevar lentes con un grueso armazón, leer cómics detrás de un diccionario gordo o pretender que no tienes televisor en casa, el humor es un signo de inteligencia que no se puede fingir. Por retomar las palabras de Tina Fey: «Siempre puedes medir la inteligencia de alguien fijándote en lo que le hace reír».

Conseguir (más de) lo que quieres

Más allá de ganar estatus y parecer inteligente, el humor es una poderosa herramienta para influir en uno de los

---

(*) Un poco más de detalles para nuestros fanáticos de los datos: los investigadores hallaron una correlación positiva importante entre la inteligencia general medida y las puntuaciones de humor, donde un aumento de las puntuaciones de humor de 0.29 desviaciones estándar en promedio predijo un aumento de las puntuaciones de inteligencia de 1 desviación estándar. ¿No son divertidas las estadísticas?

últimos lugares en los que pensaríamos usarlo: la mesa de negociación.

En un experimento, los investigadores Karen O'Quin y Joel Aronoff pidieron a los participantes que negociaran con un «marchante de arte» (asistente de investigación) el precio de compra de una obra de arte. La mitad de los asistentes de investigación hizo una oferta final significativamente superior a la última puja de los participantes, declarando: «Mi oferta final es X». La otra mitad ofreció la misma cantidad, pero dijo con una sonrisa: «Mi oferta final es X... y añado mi rana mascota».[5]

Aquí viene lo bueno: por las ofertas finales acompañadas de la frase de la rana mascota, los compradores estaban dispuestos a pagar un 18% más en promedio. Y no solo eso, los compradores reconocieron más tarde que habían disfrutado más de la negociación y habían sentido menos tensión con el vendedor.

Piénsalo: los participantes pagaron más y salieron más satisfechos de la negociación y de su trato con el vendedor que los que pagaron menos. Y todo gracias a una sonrisa y un comentario divertido.

En otro estudio sobre la negociación de los investigadores Terri Kurtzberg, Charles Naquin y Liuba Belkin, los participantes formaron parejas y se les asignó el rol de reclutador o de candidato a un empleo. En la simulación tenían que negociar por correo electrónico la remuneración y los beneficios laborales, y cada elemento (como el salario, las bonificaciones, la cobertura del seguro, las vacaciones) estaba asociado a un valor en puntos. El objetivo era levantarse de la mesa con más puntos.

Entre las parejas participantes que usaron el humor, una de las personas (reclutador o candidato) compartió una tira cómica de *Dilbert* sobre negociaciones antes de que empezara la simulación.

Las personas que compartieron las tiras cómicas no solo obtuvieron un 33% más de puntos que sus homólogos negociadores, sino que las parejas que utilizaron el humor mostraron un 31% más de confianza mutua y un 16% más de satisfacción con el desarrollo de la negociación en su conjunto.[6]

El humor encandila y desarma. Incluso los pequeños gestos de levedad son poderosos en las negociaciones, en parte porque crean conexiones humanas, y cuando conectamos como personas, con frecuencia conseguimos más de lo que ambos deseamos.

Destacar y permanecer en la memoria

El humor también nos ayuda a recordar. Al inundar de dopamina (un neurotransmisor) nuestro centro de recompensa, el humor genera niveles más profundos de concentración y retención a largo plazo. En otras palabras, el uso del humor hace que el contenido sea más atractivo en el momento y más fácil de recordar después.

Este descubrimiento puede apreciarse en una encuesta de Pew Research, que reveló que los espectadores de programas humorísticos como *The Daily Show* y *The Colbert Report* recordaban mejor los sucesos actuales que las personas que consumían información procedente de periódicos, agencias o cadenas de noticias.[7] En otro estudio, los investigadores descubrieron que las personas que veían una comedia antes de pasar una breve prueba de memoria a corto plazo recordaban más del doble de información que las que pasaban la misma prueba después de estar mano sobre mano durante el mismo periodo.[8]

En el aula también funciona: otro estudio del investigador Avner Ziv, publicado en el *Journal of Experimental Education*, reveló que los alumnos a los que se enseñaba una materia con humor retenían mejor lo que aprendían en clase y sacaban un 11% más de calificación en los exámenes finales.[9]

Por eso no es raro que los políticos cuenten con comediantes profesionales entre sus redactores de discursos. Durante su discurso sobre el estado de la Unión de 2011, el presidente Obama comentó la necesidad de aumentar la eficiencia de la Administración con el siguiente ejemplo: «El Departamento del Interior se encarga de los salmones cuando están en agua dulce. Pero el Departamento de Comercio es el que se encarga de ellos cuando están en agua salada». Luego hizo una pausa. «He oído que la cosa se complica más una vez ahumados». Todos los presentes en la sala se rieron.*

Cuando la Radio Nacional Pública (NPR) hizo una encuesta entre sus oyentes[10] para preguntarles qué tres

---

(*) Sea cual sea tu tendencia política, tienes que reconocer que Obama tiene mucho saque para los chistes simplones.

palabras destacaban del discurso del estado de la Unión, ¿adivinas cuál fue la más mencionada?

Como dice el comediante John Sherman: «Si la gente se ríe, eso significa que está prestando atención».

Vínculos

TENDER PUENTES

La Casa Blanca de Obama no fue el único gobierno que sabía divertirse en el trabajo. Keith Hennessey, uno de los principales asesores económicos del presidente George W. Bush, nos contó que los lazos del equipo de Bush se estrecharon gracias a las bromas constantes, los chistes y grandes dosis de levedad.

Retrocedamos unos años antes, a 2005, al primer día del futuro presidente de la Reserva federal, Ben Bernanke, como presidente del Consejo de asesores económicos del presidente Bush. Bernanke había acudido al despacho oval para hacer su primera gran presentación ante el presidente, Hennessey, y más de una docena de altos funcionarios de la Casa Blanca, entre ellos el vicepresidente Dick Cheney, el asesor principal Karl Rove, la directora de asuntos legislativos Candi Wolff y el director del Consejo económico nacional Al Hubbard. Sobra decir que había mucho en juego.

El presidente y sus asesores tomaron asiento, formando un gran círculo alrededor del despacho oval y, cuando Bernanke empezó a hablar, el presidente lo interrumpió con una broma relajada sobre su traje gris oscuro a juego con sus calcetines color canela (se oyen las sirenas de la policía de la moda).

Todos los presentes soltaron una risita. Bernanke, que era más nuevo en el grupo y más reservado, se puso nervioso al principio, pero recuperó rápidamente la compostura y logró terminar el resto de la sesión informativa. Sin embargo, después de la reunión, Hennessey y Hubbard reconocieron que la suave provocación de Bush había sido una oportunidad para demostrar su solidaridad con el nuevo compañero.

De modo que urdieron un plan.

Cuando llegó el día de la segunda reunión importante de Bernanke con el presidente, los asesores principales entraron en el despacho oval. Cuando tomaron asiento, cada uno de ellos se aseguró de adoptar una postura que revelara que llevaban calcetines color canela.

Una amplia sonrisa se dibujó en el rostro del presidente Bush mientras todos los presentes se carcajearon;

el presidente había perdido la partida. Se volteó hacia su vice: «Dick, ¿puedes creer lo que han...?», y entonces comprendió que él también estaba involucrado. El presidente levantó las manos ante otra oleada de carcajadas. Después Bernanke y su equipo dieron comienzo a la reunión, un poco más alegres que antes.

Reunión «Tiempo político» en el despacho oval, celebrada el 21 de julio de 2005. El presidente Bush rodeado de su vicepresidente y de su equipo de asesores con calcetines color canela.

«Fue una tontería de nada —recordó Hennessey más tarde—, pero también un momento de cohesión maravilloso. El presidente, el vicepresidente y todos los asesores juntos compartiendo un ratito de jovialidad».

Durante nuestras conversaciones, Hennessey detalló una larga lista de chistes y bromas, como envolver con plástico adherente el coche de Karl Rove en el estacionamiento o explicar una importante decisión de política económica utilizando marionetas hechas de calcetín. En las más altas esferas decisorias del país, donde se abordan las cuestiones más importantes en curso, explicó Hennessey, la levedad creó una sensación de confianza y cohesión que «nos permitió funcionar más fácilmente como un equipo, trabajar juntos, para el presidente y en nombre del país».

ACELERAR EL CAMINO HACIA LA CONFIANZA

Maya Angelou dijo: «No confío en nadie que no se ría». Es una observación aguda, respaldada por la ciencia.

Volvamos a nuestro coctel de hormonas del humor: la risa desencadena la liberación de oxitocina, que con frecuencia se conoce como la «hormona de la confianza» por la forma en que induce a nuestro cerebro a crear vínculos emocionales. No cabe duda de que la oxitocina se libera durante las relaciones sexuales y el parto, dos momentos en los que, desde el punto de vista de la evolución, nos beneficiamos de los sentimientos de cercanía y confianza con la otra persona implicada, incluso si la relación es nueva.

En un estudio, los investigadores Alan Gray, Brian Parkinson y Robin Dunbar pidieron a parejas de desconocidos que se sentaran juntos durante cinco minutos para ver un fragmento de una película. La mitad vio tomas falsas de una popular comedia televisiva que había sido probada previamente para provocar muchas risas.

El resto vio un clip emocionalmente neutro, tipo documental del canal naturaleza o la menos conocida «Cincuenta sombras de escala de grises».*

Cuando los investigadores pidieron a los participantes que escribieran un mensaje a la persona que acababan de conocer, las parejas que habían visto la comedia revelaron mucha más información personal. Y cuando un grupo de observadores vio conversar a las parejas, valoraron las interacciones entre las que habían visto la comedia como un 30% más íntimas que las de las parejas que habían visto el video neutro.[11]

En resumen: la risa compartida acelera el camino hacia la franqueza y la vulnerabilidad. Además, es una de las pocas formas de liberar oxitocina en el trabajo que Recursos Humanos sigue permitiendo.

FORMAS DE AUMENTAR LA OXITOCINA, U «HORMONA DE LA CONFIANZA» EN EL TRABAJO

RX	OBSERVACIONES
SEXO	TÉCNICAMENTE NO PERMITIDO
PARTO	NO ACONSEJADO MÉDICAMENTE
RISA	NO SE CONOCEN INFRACCIONES DE RR. HH.

(*) Solo una presentación de diapositivas de papeles pintados de grises. Quizá no tan popular como su homónima, pero muy útil si estás redecorando la casa.

HACER PERDURAR LAS RELACIONES

La risa compartida no solo crea cercanía en el momento. Es igual de eficaz para fortalecer las relaciones a lo largo del tiempo. Si bien el gag de los calcetines color canela duró menos de un minuto, Hennessey afirma que el sentimiento de camaradería y cohesión que se creó «perduró más allá de la reunión».

Esta tendencia se ha demostrado en el laboratorio. En un estudio, la psicóloga Doris Bazzini y su equipo reclutaron a cincuenta y dos parejas y entregaron a cada individuo un cuestionario de satisfacción sobre la relación. A continuación, las parejas se repartieron en cuatro grupos.

En el primer grupo se pidió a las parejas que contaran momentos de «risa compartida» en el curso de los últimos tres meses: qué ocurrió en esos momentos, qué los provocó y qué ocurrió después. En los otros tres grupos se pidió a las parejas que contaran momentos de «risa independiente» (momentos en que cada uno se rio con otra persona), «positividad compartida» (momentos compartidos que les hicieron sentirse bien en su relación mutua) y «positividad independiente» (momentos que les hicieron sentirse bien en su relación con otra persona).

Al final del estudio, las parejas a las que se pidió que recordaran momentos de risa compartida declararon estar un 23% más satisfechas con su relación[12] que las parejas de los otros tres grupos.*

(*) Piensa en cuánto dinero pagarías para que un terapeuta consiguiera un resultado así. Este libro se paga solo.

Aunque no tengas una relación sentimental con tus compañeros de trabajo, existen paralelismos convincentes entre nuestras relaciones sentimentales y laborales. Piensa por un momento en cuánto tiempo pasaste con tu pareja la semana pasada y en cuánto con tu compañero más cercano (es decir, tu «mujer/marido en el trabajo»).*

Creatividad

Concebir ideas y estimular la innovación

Favorecer un entorno donde los empleados produzcan su trabajo más artístico es un arte en sí mismo. Cuando dirigía el Creative Design Studio de Apple, Hiroki Asai utilizaba el humor como catalizador crítico del pensamiento creativo.

«El miedo es el mayor asesino de la creatividad —explicó Asai— y el humor es la herramienta más eficaz que he encontrado para proteger del miedo a las culturas».

Para Asai, no había mejor lugar para hacer uso del humor que la reunión All Hands, donde los más de dos mil creativos a su cargo se reunían en un mismo lugar. Estas reuniones eran rematadamente serias —y muy di-

---

(*) La encuesta sobre el horario en Estados Unidos realizada por la Oficina de Estadísticas Laborales en 2019 reveló que una persona pasa en promedio trece años y dos meses en el trabajo. Por el contrario, las personas pasan en promedio solo 328 días socializando con sus amigos en el transcurso de toda una vida. De ahí el adagio clásico: «Mantén cerca a tus amigos, pero más cerca a tus jefes intermedios».

vertidas—. Meses antes de cada reunión, Asai armaba a un equipo encargado de planificar con cuidado una experiencia destinada a hacer reír a un auditorio repleto de empleados. En una ocasión grabaron un video de empleados disfrazados de Blue Man Group. En otra mostraron una serie de videos de gags que parecían escenas de persecución de un hombre (Hiroki) dándose a la fuga. Y en otra, un coro de góspel surgió espontáneamente del público. El denominador común de todos estos espectáculos fue su carácter inesperado y su capacidad para hacer reír a todo el mundo.

Cuando se convoca a toda la organización, cada momento cuenta, y este es el motivo preciso por el que Hiroki se esforzó tanto en acercar a la gente de una forma inusual. En el conjunto de la organización, vio con sus propios ojos cómo el miedo corroía los procesos creativos inclusivos y cómo la levedad y el humor los desbloqueaban. El humor, dice, «espantó el miedo del sistema» y permitió a la gente pensar con más libertad, hablar más abiertamente y plantear nuevos escenarios y enfoques.

LAS BUENAS IDEAS
PUEDEN VENIR DE (CASI)
CUALQUIER SITIO

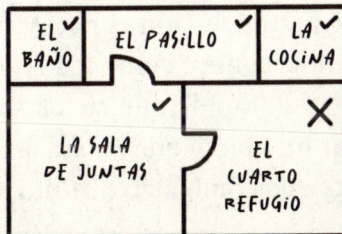

Mejorar la agilidad mental

Para entender la conexión entre la risa y la creatividad vamos a conocer el problema de la vela de Duncker, una prueba cognitiva creada por la psicóloga Alice Isen y su equipo.

Se trata de un reto real en el que los participantes reciben una vela, una caja de tachuelas y cerillos:

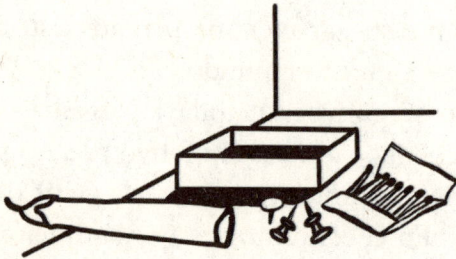

Sí, lo que vemos es una vela.

Los participantes del estudio tienen la misión de fijar la vela a la pared utilizando únicamente los elementos de la mesa, pero sin que la cera gotee sobre la mesa de abajo cuando la vela está encendida.

La solución correcta es vaciar las tachuelas de la caja y utilizarlas para fijar la caja a la pared, creando una repisa que sostenga la vela. Puede parecer muy sencillo, pero para llegar a esta solución es necesario que tu cerebro supere lo que se conoce como fijación funcional, un sesgo cognitivo que impide que las personas vean otra forma de utilizar un objeto que no sea la tradicional (en este caso, ver esa caja como algo distinto a un recipiente para tachuelas).

Los niños de cinco años no muestran signos de fijación funcional porque aún no han aprendido las reglas tradicionales que rigen el mundo de los adultos;[13] por ejemplo, que la pared es una pared y no un lienzo para pintar con colores; que el perro es un animal de compañía y no un caballito para montar; y que los chícharos son para comer y no para metérselos por la nariz. Pero para cuando llegamos a la edad adulta nos cuesta ver posibilidades más allá de la finalidad explícita de un objeto.

Como que esta caja de tachuelas funcione como estante para, ejem, la vela.

Para ver cómo influía el humor en la capacidad de los participantes a la hora de resolver este rompecabezas, Isen y su equipo le pidieron a la mitad que viera un video emocionalmente neutro antes de asumir el reto, mientras que la otra mitad vio un video humorístico.*

(*) Hay una razón por la que *Los videos caseros más emocionalmente neutros de Estados Unidos* nunca pasara de la primera temporada.

Los resultados fueron chocantes: entre los que vieron el video humorístico hubo el doble de personas que acertaron que entre los que habían visto el neutro. No es que la risa hiciera más inteligente al segundo grupo, sino que los ayudó a superar su fijación funcional y a ver nuevas conexiones y asociaciones (en muchos sentidos, el quid de todos los procesos creativos).[14]

A primera vista, el reto de las velas puede parecer trivial. Pero, como explica el autor Dan Pink, este tipo de flexibilidad mental es fundamental, sobre todo en una economía global en rápida transformación, en la que es más fácil que nunca externalizar o automatizar las tareas rutinarias basadas en reglas, dado que los proveedores de bajo costo pueden hacerlo más barato y la inteligencia artificial (IA) puede hacerlo más rápido (y mejor, más barato y con premisas más interesantes para películas de ciencia ficción protagonizadas por Sigourney Weaver).

En el mundo laboral actual, la creatividad del cerebro derecho y el pensamiento lateral están muy solicitados. Nos enfrentamos sin cesar a nuestras propias versiones del desafío de la vela, y los ganadores serán probablemente los que tengan en las paredes de su casa arte pintado de colores.

ROMPER LOS MOLDES

Los intentos de hacer humor encienden el centro de creatividad de nuestro cerebro con una intensidad que no puede compararse con una mera lluvia de ideas. En un experimento realizado por Ori Amir e Irving Biederman, de la Universidad del Sur de California, se pidió a comediantes profesionales del Groundlings Theatre de Los Ángeles, a comediantes aficionados y a ciudadanos comunes que pensaran en un pie de foto ingenioso para un dibujo de *The New Yorker*. La mitad de los participantes propuso pies de foto humorísticos, y la otra mitad, pies de foto que no eran humorísticos. Durante el ejercicio, ambos grupos se sometieron a una resonancia magnética para determinar cómo respondía la fisiología de sus cerebros a la tarea.

Alerta *spoiler*: los pies de foto humorísticos eran mejores.[15] Pero, en general, los resultados mostraron que, cuando los participantes reflexionaban sobre los pies de foto humorísticos, experimentaban una mayor actividad en la región del cerebro asociada a la creatividad, así como en otras regiones asociadas a funciones de alto nivel como el aprendizaje y el reconocimiento (las regiones de asociación temporal y la corteza prefrontal medial).

Es más, parece ser que esta estimulación de la creatividad persiste mucho tiempo después de la tarea inicial. En una serie de estudios dirigidos por Barry Kudrowitz, del Instituto Tecnológico de Massachusetts, se pidió a comediantes, diseñadores de productos profesionales y estudiantes que crearan leyendas de viñetas y luego hicieran una prueba de lluvia de ideas. Por una parte, los resultados revelaron que los comediantes concibieron un 20% más de ideas que el resto de los grupos durante la prueba y, por otra, que sus ideas eran un 25% más creativas.[16]

En palabras atribuidas a Albert Einstein: «La creatividad es la inteligencia divirtiéndose». Deja que tu inteligencia viva un poco.

FOMENTAR LA SEGURIDAD PSICOLÓGICA

La relación entre seguridad y rendimiento laboral es sólida. Como descubrieron la investigadora Amy Edmondson y su equipo, la seguridad psicológica[17] (la convicción de que no nos castigarán o nos ridiculizarán cuando cometamos un error) nos hace ser más abiertos de mente, más resistentes, más motivados y más perseverantes. En otras palabras, cuando nos sentimos lo bastante seguros como para ignorar nuestros errores, tenemos el valor de asumir riesgos más importantes y más audaces.

Como dice Hiroki: «A fin de cuentas, una cultura de la levedad crea un lugar seguro para los empleados. Cuando te sientes seguro y tienes la sensación de que lo que te guía es la levedad y no el miedo, es más probable que corras riesgos. Es más probable que pruebes cosas sin temor a que te ridiculicen o te ninguneen. Estás más dispuesto a innovar, a proponer nuevas ideas y rechazar las viejas».

El vínculo entre el humor y la seguridad psicológica reside en la risa: se demostró que incluso la anticipación de la risa reduce el cortisol (nuestra «hormona del estrés») y la epinefrina (nuestra «hormona de la lucha o huida») en un 39% y un 70%, respectivamente, lo que hace que nos sintamos más seguros, más tranquilos y menos estresados.[18]

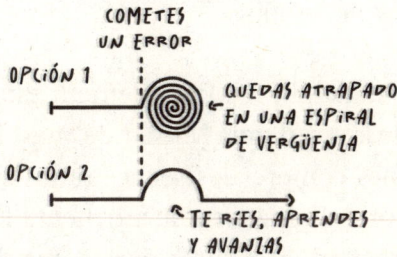

EL HUMOR NOS
AYUDA A AVANZAR

COMETES
UN ERROR

OPCIÓN 1
QUEDAS ATRAPADO
EN UNA ESPIRAL
DE VERGÜENZA

OPCIÓN 2
TE RÍES, APRENDES
Y AVANZAS

*VAMOS A ASUMIR QUE NADIE INFRINGIÓ LA LEY

Y cuando estamos menos estresados, trabajamos mejor. En 2007, los investigadores del Baltimore Memory Study midieron los niveles de cortisol salival de los participantes y evaluaron su funcionamiento cognitivo en siete parámetros fundamentales: lenguaje, velocidad de procesamiento, coordinación ojo-mano, funcionamiento ejecutivo, memoria verbal y aprendizaje, memoria visual y visuoconstrucción. Lo sorprendente es que los investigadores hallaron una correlación entre unos niveles más bajos de cortisol (es decir, de estrés) y un mejor rendimiento en seis de las siete pruebas (la visuoconstrucción no tuvo ningún efecto y no se deja impresionar por el hecho de que estés relajado y poco estresado).[19]

En resumen: la risa disminuye el cortisol, y un cortisol más bajo se traduce en un mejor rendimiento. A no ser que seas un trabajador de la visuoconstrucción.

Resiliencia

SOBREVIVIR Y PROSPERAR

En septiembre de 2001, Mike Nemeth estaba en el segundo año de la Academia Militar de West Point. Cuando dos aviones comerciales secuestrados se estrellaron contra el World Trade Center a ochenta kilómetros al sur, en Manhattan, él y sus compañeros de clase contemplaron las devastadoras consecuencias, sabiendo que su vida, como la de tantos otros, nunca volvería a ser la misma. La guerra —a la que casi con toda seguridad serían llamados a luchar— parecía inminente. En la gravedad del momento, Nemeth se juró que haría todo lo posible para levantarles la moral a sus compañeros cadetes.

Creó una fábrica de humor clandestina dentro de los cuarteles y publicó un periódico satírico con titulares como «Ejército: Bin Laden y Al Qaeda culpables de la derrota futbolística» y «El cadete de *sport* arrasa en todo el mundo» que se burlaban de las experiencias compartidas —y a veces dolorosas— de la vida universitaria y la inminencia de un conflicto internacional.

Sabiendo que los oficiales podrían cancelar su operación poco ortodoxa si la descubrían, distribuyó el periódico clandestinamente, deslizándolo en fundas de plástico que pegaba con cinta adhesiva en el interior de las puertas de las letrinas. Y así fue como su periódico encontró su público y su nombre: *Center Stall* [Letrina central].

La noticia del periódico corrió como la pólvora entre los cadetes, mientras las risas ahogadas resonaban en los baños. Los compañeros de Nemeth le pasaban clandestinamente ideas de contenidos; las idas y venidas al baño para comprobar si había nuevos fascículos se convirtieron en algo cotidiano.

No transcurrió mucho tiempo hasta que los oficiales del ejército lo descubrieron. Técnicamente, Nemeth infringía las normas. Pero también vieron el impacto que sus publicaciones tenían en los cadetes, cómo modificaban su humor de forma sutil pero significativa. Así que los oficiales hicieron la vista gorda. Y, con el tiempo, tanto los oficiales como los cadetes adoptaron el *Center Stall* como parte integrante del tupido tejido de la cultura de West Point.

En una época de extrema incertidumbre, duelo y estrés, esta pizca de levedad ayudó a los cadetes a hacer frente a una nueva realidad desgarradora. Como señaló el pastor abolicionista Henry Ward Beecher: «Un individuo sin sentido del humor es como un carro sin resortes. Cada guijarro del camino lo sacude». Todos necesitamos un amortiguador contra las sacudidas de la vida, sean grandes o pequeñas, y el humor es uno de los mejores que tenemos.

HACER FRENTE AL ESTRÉS

Mantener la salud en el trabajo es más difícil que nunca. Como revelan los recientes trabajos de Joel Goh, Jeff Pfeffer y Stefanos Zenios, el estrés laboral —alimentado por largas jornadas, inseguridad laboral y desequilibrio entre la vida profesional y la personal— es la causa de al menos 120000 muertes al año y representa hasta 190000 millones de dólares en costos sanitarios.[20]

En otras palabras, el trabajo nos está matando.

Por suerte, el humor es un aislante poderoso. A estas alturas, todos sabemos que la risa suprime el cortisol, que es el sistema de alarma de seguridad de nuestro cuerpo y también guarda relación con la ansiedad y un mayor riesgo de depresión. Al mantener bajo control los niveles de cortisol, el humor refuerza nuestra resistencia emocional en los momentos difíciles.

Sin embargo, el humor no solo contribuye a reducir el estrés, sino que también ayuda a las personas a sobrellevar momentos de gran angustia.

En un estudio, los investigadores Dacher Keltner y George Bonanno analizaron los efectos de la risa en el proceso de duelo. Reclutaron a cuarenta personas que habían perdido a un ser querido en los seis últimos meses y les pidieron que describieran su relación con la persona fallecida.

Cuando los investigadores revisaron las entrevistas grabadas, descubrieron que los participantes que sonreían espontáneamente (lo que se conoce como sonrisa de «Duchenne») cuando recordaban a sus seres queridos habían sentido un 80% menos de ira y un 35% menos de angustia en un cuestionario posterior que los que fingían sonreír o no sonreían en absoluto. Los risueños sinceros también declararon sentir muchas más emociones positivas y se mostraron más satisfechos con sus relaciones sociales actuales.[21]

Aunque estos resultados son correlacionales sin ninguna duda, las nuevas investigaciones aspiran a comprender mejor la causalidad. En un estudio, las investigadoras Shelley Crawford y Nerina Caltabiano desarrollaron un programa de ocho semanas que enseñaba competencias específicas ligadas al uso y disfrute del humor en la vida cotidiana.[22] Cada semana se enseñaba una competencia diferente en un módulo de aprendizaje de una hora que un instructor presentaba a un grupo reducido. Al cabo de las ocho semanas, los participantes del grupo que habían adquirido las competencias en materia de humor presentaron menos casos de depresión, menos estrés, una mayor proporción de sentimientos positivos frente a los sentimientos negativos y hasta un aumento significativo de la percepción del control.

(Ah, ah, ah, ah) *Staying alive*

La risa es la mejor medicina. (En realidad, la medicina es la mejor medicina. Pero la risa puede ayudar a que no necesites tanta).

LA MEJOR MEDICINA

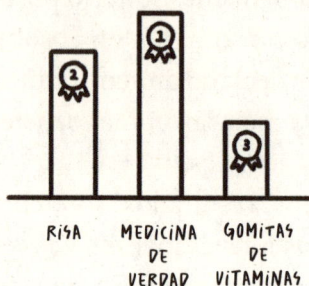

RISA   MEDICINA   GOMITAS
        DE   DE
        VERDAD   VITAMINAS

Fisiológicamente, la risa aporta importantes beneficios, puesto que aumenta el flujo sanguíneo y la relajación muscular[23] y reduce la rigidez de la pared arterial[24] asociada a las enfermedades cardiovasculares.

En un estudio realmente inspirado en Patch Adams del investigador Martin Brutsche y su equipo, los pacientes con enfermedad pulmonar obstructiva crónica experimentaron una mejora de la función pulmonar después de que un payaso los distrajera.[25]

Esto es tan cierto como extraño, así que vamos a dejarlo estar y esperemos que seas capaz de dormir esta noche.

¿Sigues sin estar convencido?

Entonces ¿cómo quieres vivir eternamente?

Bueno, no eternamente. Pero las investigaciones revelan una correlación entre el sentido del humor y la longevidad. En un estudio longitudinal de quince años sobre más de cincuenta mil personas,[26] investigadores noruegos de la Universidad Noruega de Ciencia y Tecnología descubrieron que tanto las mujeres como los hombres con un fuerte sentido del humor vivían más tiempo, incluso a pesar de las enfermedades y las infecciones.* En concreto, las mujeres con una puntuación alta en el uso del humor tenían un riesgo un 48% menor de morir por cualquier causa, un 73% menor de morir por enfermedad cardiaca y un 83% menor de morir por infección; los hombres que habían obtenido una puntuación alta en el uso del humor tenían un riesgo un 74% menor de morir por infección.

* * *

Ahí lo tienes. El humor puede ser un potenciador para nosotros e intoxicar a los demás. Fomenta vínculos importantes, libera la creatividad, contribuye a que las situaciones tensas sean menos estresantes y nos ayuda a sobrevivir y prosperar en medio de los altibajos de la vida.

(*) Y esto a las temperaturas bajo cero de Noruega. ¡Imagina su potencial en Palm Springs!

CAPÍTULO 3
ANATOMÍA DE LA DIVERSIÓN

Una comedia es simplemente una forma divertida
de ser serio.

PETER USTINOV

Como cada mañana, un martes del mes de junio Seth
Meyers entra en su despacho del número 30 de Rockefeller
Plaza. Su programa de entrevistas nocturno, *Late Night
with Seth Meyers*, se graba al final del pasillo del Studio
8G, donde había trabajado como guionista principal de
Saturday Night Live y se había ganado la fama de ser una
de las personas más inteligentes (y simpáticas de verdad) del mundo de la comedia.

Entre sus tareas matutinas, Seth repasa una larga lista de chistes para el monólogo de apertura del progra-

ma. El monólogo finalmente solo incluirá una docena de chistes sobre las noticias del día, contados en rápida sucesión. En las pocas horas transcurridas desde el final del programa de la noche anterior, su heroico equipo de redacción, compuesto por dieciséis genios hasta el máximo de cafeína, ha escudriñado los titulares y localizado docenas de noticias que han transformado hábilmente en más de cien chistes, entre los cuales él elegirá los doce que terminarán emitiéndose.*

Eso representa un centenar de chistes, pergeñados en apenas ocho horas (siestas incluidas), para producir material para siete minutos de un programa de una hora. Por la tarde, el equipo de guionistas de Seth reducirá la lista a ochenta. De ellos, veinticinco llegarán al ensayo general. Y, finalmente, la docena afortunada.

Esto es asombroso, ¡y es lo normal! En las salas de redacción de Nueva York y Los Ángeles se produce una magia similar. Desde *Last Week Tonight with John Oliver* hasta *The Tonight Show with Jimmy Fallon* o *The Late Show with Stephen Colbert*, pequeños ejércitos de guionistas sacan miles de chistes que compiten por un puesto en las horas de máxima audiencia.

Si eres como nosotras, habrás visto muchos de estos programas (y otros con formatos diferentes, como *Saturday Night Live*) durante años asombrándote de que logren producir un flujo constante de contenidos divertidos, oportunos y concebidos artísticamente para abor-

---

(*) Lo que también significa que ochenta y ocho se quedan en la sala de edición. ¡Qué desperdicio! De seguro hay una forma de reciclar los chistes que no se usan, como donarlos a padres o contadores.

dar algunas de las cuestiones más sensibles y con mayor carga social del momento. Tal vez te hayas preguntado: ¿cómo se las ingenian para hacerlo?

La maestría de estos autores extraordinarios es una combinación de atletismo cómico en estado puro y años de encarnizado trabajo: actúan en teatros de improvisación poco iluminados, afinan su material ante audiencias implacables en noches de micrófono abierto y escriben uno tras otro *sketchs* que quizá nunca vean la luz.

Como hemos aprendido del equipo de Seth y las docenas de comediantes y escritores que hemos estudiado y con los que hemos trabajado en los últimos cinco años, la comedia es un arte, pero también un oficio bien establecido, con técnicas comunes que encontramos en todos los comediantes y en todos los formatos.

En este capítulo exploraremos las técnicas más comunes y eficaces que docenas de amigos comediantes, profesores, artistas y escritores compartieron amablemente con nosotras a lo largo de este viaje. No lo hacemos para que dejes tu trabajo y te conviertas en el próximo Dave Chappelle, sino para ayudarte a entender los principios básicos del funcionamiento del humor y puedas apreciarlo y trabajarlo mejor, además de introducirlo en tu vida cotidiana.

Lo esencial: la verdad y el despiste

Una idea falsa muy extendida entre nuestros clientes y estudiantes es la convicción de que el humor implica inventarse algo de la nada. En realidad, las más de las veces el humor nace de la simple observación de rarezas y absurdos en el mundo que nos rodea y saber identificarlos cuando menos te lo esperas.

Para comprender mejor los esquemas y los mecanismos subyacentes del humor, vamos a deconstruir un chiste sencillo. Imagina que estás en una cena y un invitado entra treinta minutos después del primer plato, anunciando a modo de disculpa: «Siento llegar tarde. No quería venir». Puede que te parezca gracioso, o al menos ligeramente divertido. Veamos por qué:

PRINCIPIO 1: EN EL CORAZÓN DEL HUMOR YACE LA VERDAD

Esta afirmación es graciosa porque es más cierta y directa de lo que estamos acostumbrados a oír; generalmente alguna excusa débil destinada a disimular que en realidad venimos de darnos un atracón televisivo de *El gran pastelero británico*.

La verdad yace en el corazón del humor. Esto explica que *Seinfeld*, el «programa sobre nada» tuviera tanto éxito: su única premisa fue navegar por interacciones sociales comunes que nos vuelven locos. El que habla susurrando, el que se acerca mucho para hablar, el retraído, la gente que se pinta la cara para los acontecimientos deportivos… y la lista continúa. Los espectadores se reían de estas personas y situaciones porque las reconocían y se decían inconscientemente: «Yo hago eso», «Yo he visto a gente hacer eso» o «¡Tiene razón! Los aficionados al *hockey* son patéticos».

ES DIVERTIDO PORQUE ES VERDAD

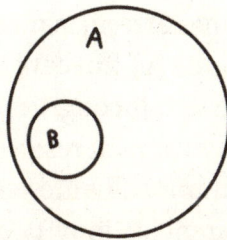

A) VERDAD

B) HUMOR

Las verdades compartidas constituyen la base del humor. Así, en lugar de preguntarte qué es gracioso, empieza por preguntarte qué es verdad. A partir de ahí encontrarás el humor.

PRINCIPIO 2: TODO HUMOR INCLUYE
SORPRESA Y DESPISTE

La risa también surge de lo inesperado, cuando alguien empieza diciendo zig y crees que va a seguir con zag pero termina con «sándwich de jamón». Los científicos sociales explican este principio por la teoría de la incongruencia-resolución, según la cual el humor surge de la incongruencia entre lo que esperamos y lo que se produce realmente. Es una forma elegante de decir que a la gente le gusta que la sorprendan. Cuando el desarrollo del chiste conduce nuestro cerebro en *una dirección* y el remate pivota inesperadamente hacia los Backstreet Boys, experimentamos incongruencia.

¿Viste lo que hicimos ahí?* Al oír «una dirección» en la primera parte de la frase, es probable que esperaras leer «otra dirección» en la segunda parte… y que te haya sorprendido descubrir una referencia muy poco moderna a una banda de chicos de los noventa.

Cuando se reconoce una incongruencia como esta, la corteza prefrontal se activa para resolverla, lo que genera la experiencia del humor. Y entonces entiendes el chiste. Ambas eran referencias muy poco modernas a bandas de chicos.**

Tu corteza prefrontal choca esos cinco, se come una galleta y se vuelve a dormir.

Hay mucho humor que no hace gracia no porque carezca de ideas ingeniosas, sino porque no supo despistar: o la expectativa no se establece adecuadamente, o el remate no la desafía de forma correcta.

Más adelante ofreceremos algunas técnicas sencillas para crear sorpresa y despiste. Pero empecemos por el principio: está claro que algunas verdades se prestan más al humor que otras. Exploremos algunas estrategias para encontrar esas verdades.

(*) Para los no *millennials*: One Direction («Una dirección») es una banda pop anglo-irlandesa muy popular de los años 2010. Esperamos no tener que decirte quiénes eran los Backstreet Boys.

(**) La gente dice que analizar el humor es como diseccionar una rana: despierta el interés de pocas personas y la rana muere. Aquí es donde dominamos la práctica.

Primera parte: Encontrando el humor (extrae la verdad de tu vida)

El equipo de Seth Meyers encuentra verdades humorísticas buceando en las noticias. Por suerte, los demás no tenemos que limitarnos a obtener material de la deprimente actualidad. Podemos rebuscar en nuestra propia vida verdades sobre nosotros mismos y la gente que nos rodea. Por eso, cuando la comediante Sarah Cooper vino a nuestra clase para impartir un taller de comedia con nuestros estudiantes, lo primero que les pidió fue que hicieran simples observaciones sobre su vida. Les dijo: «Nunca busquen lo que es gracioso, busquen lo que es verdad y partan de ahí».

Este planteamiento es similar al de Del Close, a quien muchos consideran el padre de la comedia de improvisación. Impulsor de la cultura de la improvisación en Chicago durante más de treinta años, Close y sus métodos inspiraron a grandes nombres de la comedia como Bill Murray, Tim Meadows, Horatio Sanz, Gilda Radner y Chris Farley. Una vez dijo: «La comedia más fresca e interesante no se basa en chistes de suegras o imitaciones de Jack Nicholson,* sino en la exhibición impúdica de nuestra propia personalidad». Para encontrar el humor, Close creía que tenemos que examinar las cualidades, las opiniones, las predilecciones y los sentimientos que nos hacen ser quienes somos.

(*) A menos que seas Jack Nicholson, que hace una imitación de Jack Nicholson increíble.

En el mundo de *Seinfeld*, por ejemplo, a George le encantan las siestas; a Kramer, los Junior Mints; a Elaine, la esponja anticonceptiva; a Jerry, Superman, los cereales, los Mets y dejar la puerta de su departamento sin cerrar. El humor reside en las pequeñas observaciones que ponen de relieve estas sencillas verdades.

Pero no tienes que delegarlo todo a tus propias observaciones, pensamientos y sentimientos; también puedes crear humor a partir de las suposiciones que los demás hacen de ti. Para llegar a algunas de estas suposiciones, el comediante Alex Weber pidió a nuestros alumnos que jugaran a un juego de Mad Libs personal. Los alumnos lo hicieron con sus compañeros de clase, pero puedes pedirle a cualquiera (en cenas, primeras citas, vacaciones familiares, en la fila de las oficinas gubernamentales) que rellene los espacios en blanco sobre ti: «Si te soy sincero, pareces el tipo de persona que _____».*

Cada uno de nosotros posee peculiaridades propias de su personalidad. Y toda nuestra vida rebosa de semillas de humor; solo necesitamos las herramientas para descubrirlas. Para empezar, veamos cinco técnicas sencillas que son recurrentes en las enseñanzas de quienes se han pasado la vida estudiando, interpretando, escribiendo y dirigiendo comedias.

(*) Así es como Jennifer se enteró de que parece la clase de persona que «intentaría escribir unos cuantos correos electrónicos mientras medita» y como Naomi se enteró de que parece la clase de persona que «lleva *snacks* en cualquier actividad al aire libre "por si acaso"».

Incongruencia: descubre las diferencias

Cuando Sarah Cooper pidió a sus alumnos que hicieran simples observaciones sobre su vida, primero los animó a buscar las zonas de contraste, contradicción y yuxtaposición. Puede tratarse de observar los contrastes dentro de tu propia vida: por ejemplo, eres un alto ejecutivo muy importante en el trabajo, pero el entusiasta asistente personal de tus dos hijas adolescentes en casa; o tu departamento está decorado siguiendo el *feng shui*, pero el cajón donde guardas los cubiertos es el infierno personal de Marie Kondo.*

Puede tratarse de buscar diferencias entre tu comportamiento y el de otras personas. Por ejemplo, Sarah observó que ella y su marido tienen estilos muy diferentes de hacer la maleta cuando salen de viaje:

(*) Nota: «El infierno personal de Marie Kondo» es solo una forma de hablar, no el lugar donde acabará. Marie parece encantadora e

También puede ser una incongruencia personal a lo largo del tiempo, como muestra este fragmento de John Mulaney en el que observa cómo cambió su gusto por el riesgo en las dos últimas décadas:

> Fumé cocaína la noche antes de mi graduación universitaria y ahora tengo miedo de vacunarme contra la gripe.

Sal Gentile, guionista principal del segmento *A Closer Look* de *Late Night with Seth Meyers*, dedica mucho tiempo a centrarse en la incongruencia de cómo se supone que son las cosas en nuestro sistema político y cómo son en realidad. Su emisión explica y satiriza cuestiones políticas difíciles, con frecuencia utilizando clips reales de los noticieros como base del humor. En el ciclo de la información actual, más que nunca, estas incongruencias no son difíciles de encontrar si uno las busca. Como explica Gentile: «La comedia es muy buena para enmarcar estas incongruencias, para decir: "Espera un momento, no estaba previsto que fuera así. Por eso es raro"».

Y si ninguno de estos ejemplos te da ideas, prueba con este punto de vista sobre la incongruencia: si los extraterrestres aterrizaran de repente en la Tierra, ¿qué les parecería objetivamente ilógico? Quizá que la máquina expendedora de tu gimnasio solo venda Cheetos y galletas. O esta frase de Jerry Seinfeld, que pone de relieve la

---

imaginamos que la vida que le espera después de la muerte es una vida muy ordenada.

dinámica de los dueños que recogen los excrementos de sus animales de compañía:

> Los perros son los jefes del planeta. Si ves dos formas de vida y una de ellas hace caca y la otra se la recoge, ¿quién creerías que manda?

En cierto sentido, las incongruencias son los pequeños despistes de la vida. Son el mundo que te hace la mitad del trabajo (cuando no todo) para encontrar lo que es divertido.

Emoción: descubre lo que sientes

Cuando Matt Klinman, antiguo redactor jefe de los videos de *The Onion*, dio consejos a nuestros estudiantes sobre la búsqueda de contenidos humorísticos, empezó por pedirles que respondieran a dos sencillas preguntas: «¿Qué es lo que les gusta?» y «¿Qué es lo que odian?».

Los comediantes están muy atentos a las emociones. ¿Qué les hace sentirse avergonzados, felices, tristes, orgullosos, incómodos o cualquier otro sentimiento fuerte? Estas emociones desmedidas pueden ser excelentes puntos de partida para el humor.

Además de las dos preguntas de Matt, pregúntate: «¿Qué me hace más feliz de lo que debería objetivamente? ¿Qué me frustra más de lo que parece frustrar a otras personas? ¿Qué odio a muerte sin motivo alguno?».

Por ejemplo, puede que te sientas excepcionalmente orgulloso viendo a tu hijo de cuatro años pintar una sirena que no tiene nada de especial, irracionalmente feliz abriendo una lata de agua con gas muy efervescente o desconsoladamente furioso si la lata no tiene burbujas.

Si alguna vez asististe a un espectáculo de monólogos (o viste un episodio de *Curb Your Enthusiasm*, de Larry David), sabrás que muchos comediantes despotrican de temas que les inspiran una ira irracional. Veamos, por ejemplo, lo que Kevin Hart piensa de las parejas de recién enamorados:

> No me importa ver parejas. Lo que no me gusta es ver parejas recientes. No soporto el amor reciente. Lo odio. Es lo que pienso honestamente. Es demasiado… ¿Alguna vez han visto a una pareja de recién enamorados intentando compartir algo? ¿Lo han presenciado alguna vez? «Hola, mi vida. Hola, mi vida. Hola, amorcito. Hola, amorcito. Oye, me queda un poco de jugo. ¿Quieres un poquito? ¿Sí? ¿Quieres darle un traguito, yo le doy uno, le das otro? ¿Quieres que lo hagamos así? ¿Un traguito tú, uno yo?», y una y otra vez… Es que lo odio.

O Larry David, en Twitter, compartiendo lo que piensa de las fiestas («Odio las fiestas. Pero ¿de ahí a tener que ir a una *after party*? *¡¿Estás jugando conmigo?!*»), el basquetbol universitario («¡¿Todavía no hay vacuna para el torneo *March Madness*?!») y las tarjetas de cumpleaños («¿Qué hago con las tarjetas viejas? ¿Las guardo? ¿Las tiro? No sirven para nada. Basta de tarjetas, por favor. Mándame un correo electrónico»).

Tomarse la ira a la ligera no siempre es un camino fácil de seguir, pero los comediantes saben transitarlo con arte.

Cuando utilices tu ira en tus propios chistes, intenta moderar tu temperamento. Si diriges la ira directamente contra un blanco, herirás algunos sentimientos y no resultarás gracioso. Pero si eres capaz de utilizar esos sentimientos y dirigirlos a una versión caricaturizada y divertida de lo que sea que te agobie, otras personas entenderán lo que sientes sin verse atacadas personalmente. Y, si tienes el tacto justo, reírte de ti mismo y hacerles entender que tu reacción exagerada es en parte tu problema es una buena forma de hacerlos sentir cómodos al mismo tiempo que compartes tus sentimientos.

Opinión: descubre lo que piensas

David Iscoe, famoso profesor de comedia de improvisación y *sketches* del Upright Citizens Brigade Theatre de Nueva York, enseña a sus alumnos a prestar atención a las opiniones que defienden con más firmeza que otras. No se trata tanto de tus peculiaridades emocionales como de tus creencias específicas. Considera la posibilidad de empezar por normas o comportamientos ampliamente aceptados que te parezcan espantosos o absurdos. Por ejemplo, la comediante Michelle Wolf cree que hacer *jogging* es una actividad objetivamente inútil:

Corro todos los días. No tengo ni idea de para qué me entreno. Porque no estoy adquiriendo ninguna competencia física. O sea, la única forma en la que el *jogging* me puede ayudar en la vida es que en algún momento alguien intente robarme persiguiéndome durante cinco u ocho kilómetros a un paso moderadamente lento.

O Sarah Cooper, que piensa que pasamos una parte demasiado grande de nuestra jornada laboral comunicándonos sobre nuestro trabajo en lugar de hacerlo realmente:

QUÉ HACEMOS EN EL TRABAJO

Fuente: TheCooperReview.com

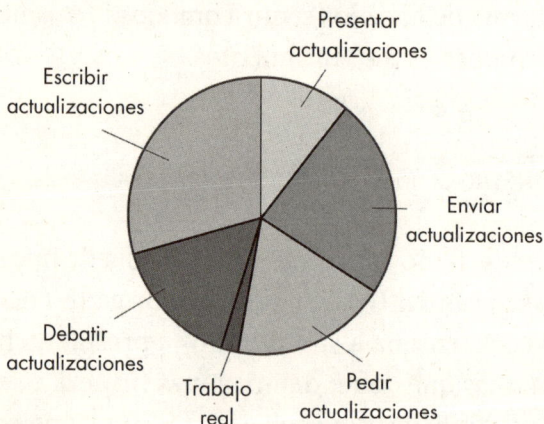

Presentar actualizaciones

Escribir actualizaciones

Enviar actualizaciones

Debatir actualizaciones

Trabajo real

Pedir actualizaciones

Piensa en las cosas que te hacen decir: *Nunca entenderé por qué ____ es lo normal.* Te sorprenderá descubrir cuántas ideas se te ocurren. (Y, cuando lo hagas, relájate y no seas prejuicioso).

Dolor: descubre qué te duele o te aterroriza

Piensa qué anécdotas prefieres contar en una cena. Hay probabilidades de que algunas hagan referencia a momentos desgraciados o torpes de tu vida. Llegar a casa después de una cita y descubrir que tenías un frijol entre los dientes. Una «divertida» excursión familiar a Disneylandia marcada por un golpe de calor, mareos y una fila de tres horas para tomarse una foto con la Pata Daisy. Cualquier visita a las oficinas de gobierno.

Anne Libera, directora de Comedy Studies en The Second City, cita el dolor como uno de los tres ingredientes fundamentales de la comedia (profundizaremos en los otros dos en el capítulo 7). Tenemos la tendencia de reírnos de las desgracias ajenas, no porque los seres humanos seamos imbéciles —no todos al menos—, sino por la misma razón por la que nos reímos con el remate de un buen chiste. Cuando un comediante cuenta un momento doloroso, nuestro cerebro se fija en la incongruencia entre lo horrible del suceso y la alegría con que se cuenta.

Después de haber evocado el hecho de que Los Ángeles es una ciudad cara, el comediante Maronzio Vance relata una llamada telefónica con su familia a raíz de los incendios de Malibú en 2018:

> Me dijeron: «Oye, vimos que Malibú está en llamas. ¿Estás bien?». Y yo estaba como: ¡Me siento halagado! Que piensen que vivo en Malibú. Mira, siento decepcionarte, pero vivo en Van Nuys, donde estoy bien, soy pobre y vivo a salvo de los incendios.

Y, por supuesto, muchos pesares solo se vuelven divertidos cuando transcurrió cierto tiempo. Cuanto más nos
alejamos de un suceso, más fácil es tomar distancia y
verle la gracia.

Como dice el viejo refrán: la comedia es igual a tragedia más tiempo.

COMEDIA = TRAGEDIA + TIEMPO

Así que la próxima vez que te encuentres en una situación penosa, o penosamente incómoda, consuélate pensando que terminará constituyendo una gran historia.
Con el tiempo.

Placer: descubre qué te hace sonreír

Desde una perspectiva cognitiva y conductual, el simple
hecho de (a) estar atento a las cosas que te hacen sonreír
y (b) compartirlas con los demás es más eficaz de lo que
crees.

Lo primero pone en práctica el efecto de preparación
(*priming effect*),[1] un principio psicológico según el cual la

exposición a un estímulo influye en la respuesta al siguiente estímulo. Con la lectura de este libro se te preparó para la levedad. Y cuando se nos prepara para algo, tenemos más posibilidades de encontrarlo, con más rapidez y frecuencia. Este ciclo se perpetúa con cada nuevo motivo de placer. Así que ¡busca el placer y lo encontrarás!

Lo segundo aprovecha el fuerte contagio emocional de la risa.[2] La risa es única en el sentido de que se produce y se propaga principalmente en presencia de otras personas. Por eso, cuando ves un perro en el parque que lleva un abrigo que se parece al que acaba de comprarse tu mejor amigo, o cuando tu hija abre la boca y le sale más o menos cualquier cosa, anótalo y compártelo. Es lo que hizo el comediante James Breakwell cuando oyó esto:

Mi hijo de seis años acaba de llamar a la salsa ranchera (que es blanca) «el glaseado de la ensalada» y a partir de ahora voy a llamarla así.

Esa mañana, Breakwell no se había propuesto necesariamente escribir un chiste, pero se abrió a la posibilidad de que el mundo se lo proporcionara. Como dijo Mel Brooks: «Si miras a tu alrededor, la vida está literalmente plagada de humor».

Segunda parte: Darle forma a la gracia

Muchos chistes siguen la estructura fundamental de **escenificación + remate**. La escenificación es la observación o la verdad, y el remate es lo que sorprende al público al invertir las expectativas (es decir, despistando).

A veces basta con observar las verdades y las incongruencias de la vida para reírse, pero no siempre se consigue. En esos momentos, un poco de manipulación contribuirá a que una idea cruce la línea de meta y se vuelva divertida.

En esos casos puedes utilizar uno de estos sencillos dispositivos para pasar de la escenificación al remate:

Exagerar

El primer reto que la comediante Sarah Cooper planteó a nuestros alumnos, una vez que habían elaborado una larga lista de observaciones, fue que exageraran cada una de ellas, jugando con la escala, la magnitud y la hipérbole. Esta sencilla propuesta entusiasmó y asombró a los estudiantes, que pudieron comprobar hasta qué punto el humor podía ser accesible con un poco de intensificación.

Cuando llevamos las observaciones al extremo, se crean despistes que confunden las expectativas del oyente. En lugar de la reacción normal que la gente espera, los sorprendes con algo extravagante. En la página 112 se puede ver cómo Cooper llevó al extremo su simple observación sobre los asientos de los aviones y lo incómodos que eran.

Sarah tuvo algunas ideas brillantes al respecto. Emplea un formato familiar, empieza por lo que es reconocible y luego exagera hasta el extremo. También intensifica la exageración a medida que desciende por el plano de los asientos, desde el lenguaje normal que se acostumbra a ver, como en «Primera» y en «Clase Turista», hasta «Incomodidad en clase Turista», «Agonía en clase Turista» y más.

Para otro tipo de exageración, veamos el siguiente ejemplo de John Mulaney:

> Hace poco me dieron un masaje. Fui a un *spa* a que me dieran un masaje. Entré en la sala de masaje y la mujer que estaba allí me dijo que me desnudara según mi nivel de comodidad. Así que me puse un suéter y unos pantalones de pana, y me sentí seguro.

La observación que subyace a este chiste es clara: Mulaney no se siente cómodo desnudándose delante de otra persona. Se basa en una verdad común: dejar que un extraño te frote el cuerpo desnudo con aceites puede ser un poco raro (o, al menos, rompe muchos límites que se suelen respetar en otras situaciones sociales). Mulaney podría haber compartido esta observación de muchas maneras, pero opta por acentuarla exagerando su comportamiento como respuesta. Y no se contenta con decir algo como «Me quité los calcetines», sino que hace una inversión total al ponerse más ropa. En otras palabras, utiliza el despiste y la exageración al mismo tiempo.

CREA CONTRASTE

El contraste —la yuxtaposición de dos o más elementos— es otra herramienta de tu repertorio cómico. Si tu observación se desprende de una incongruencia, es probable que incluya cierto nivel de contraste.

Plano de los asientos del avión

TheCooperReview.com

PRIMERA CLASE

COMODIDAD EN CLASE TURISTA

CLASE TURISTA

INCOMODIDAD EN CLASE TURISTA

AGONÍA EN CLASE TURISTA

CLASE TURISTA 2: DÍA DEL JUICIO FINAL

CLASE TURISTA ¿DÓNDE ESTÁ TU DIOS AHORA?

CLASE TURISTA LA GUARIDA DE SATANÁS

CACA

LEYENDA

El pasajero te juzga

La sobrecargo que no te deja usar el lavabo

Bebé llorón

Niño dando patadas o golpes a tu respaldo mientras intentas usar el ocio a bordo

Pasajero que usa un protector de rodilla

Pasajero que se reclina tanto que está en tu regazo

Pasajero descalzo con hongos en los pies en tu espacio

Pasajero que te roba tu descansabrazos mientras come atún y huevo duro

Discusiones a punto de convertirse en peleas

Si no es el caso, ¡intenta crearlo tú mismo! Por ejemplo, veamos este comentario de Seth Meyers que se basa en una observación relativa al presupuesto de gastos de los Patriots de Nueva Inglaterra:

> Los Patriots de Nueva Inglaterra se convirtieron en el primer equipo de la Liga Nacional de Futbol que compró un avión propio para ir a los partidos… Mientras tanto, los Browns de Cleveland fueron relegados al compartimento superior de Spirit Airlines.

Los Patriots tienen fama de ser el equipo más rico y próspero de la liga, pero, incluso para ellos, comprar un avión no es lo normal; se puede esperar que un equipo vuele en primera clase o flete un vuelo, pero no que posea un avión. Sin embargo, nótese que Seth no exagera lo que hicieron los Patriots para crear un efecto cómico. Al contrario, elige a un equipo cuya reputación está en el polo opuesto y se sale aún más de lo normal en la dirección opuesta, inventando un destino extravagante y contrastado para los Browns de Cleveland que, como todos saben, están de capa caída.

O incluso Chelsea Peretti, que utiliza más sutilmente el contraste para hablar de la presión que la sociedad ejerce sobre las mujeres frente a los hombres:

> Solo quiero saber qué se siente cuando tienes la confianza que tiene un hombre. Mi imagen de lo que es ser hombre es que te despiertas por la mañana, abres los ojos

y te dices: «¡Soy increíble! ¡Estoy seguro de que la gente tiene ganas de oír lo que tengo que decir!».

Chelsea no dice directamente que es frecuente que las mujeres no se sientan valoradas, y eso es una verdad que el público puede reconocer, pero encontrar deprimente. En cambio, ella contrasta la experiencia masculina imaginada para decir lo mismo. Un hombre no podría pensar literalmente estas cosas —son de una simplicidad asombrosa—, pero ella puede hacer que el público sea consciente de unas experiencias muy diferentes que hasta ahora ignoraba.

En esta aplicación de la técnica a un nivel superior, su observación parte de la perspectiva femenina. Luego crea un contraste con una versión exagerada de la perspectiva masculina. En el momento en que oímos el fragmento, abandonó por completo la perspectiva femenina, limitándose a insinuar el contraste. Sabe que nuestros cerebros llenarán el resto.

ESPECIFICACIONES DE USO

Si hay algo que se aprende rápidamente al presentar chistes en una sala de redacción de *sketches* de la Upright Citizens Brigade (aparte de que tu profesor, Will Hines, tiene siempre la mejor propuesta, como es inevitable), es que la especificidad, el detalle y el color pueden hacer que una escena cómica pase de buena a genial. Veamos, por ejemplo, este chiste de Jimmy Fallon:

Investigadores británicos advierten de que una quinta parte de las especies vegetales del planeta están en peligro de extinción. Peor aún, se espera que la col rizada sobreviva.

¿Y si su remate hubiera sido un poco menos específico? Algo como: «Peor aún, se espera que las hortalizas sobrevivan». Esto no funciona tan bien, ¿verdad? Porque es una opción más genérica. La versión elegida por Fallon —la col rizada— no solo es más específica, sino que también implica una serie de asociaciones muy reconocidas y polémicas (por ejemplo, los hípsters, los fanáticos de la salud, las modas alimentarias y las cosas difíciles de masticar).*

Maria Bamford es una maestra en el arte de construir chistes con un lenguaje preciso y vivo:

Estaba harta de mí misma por hacer esta pregunta a personas en relaciones de pareja: «¿Cómo se conocieron? ¿Sus manos se encontraron por accidente en un jardín?».

La verdad que esconde este chiste —la envidia que siente de las personas que viven relaciones felices y su desdén por las historias ñoñas del «cómo nos conocimos»— es algo que muchos podemos comprender, pero eso no

(*) Esta asociación trasciende incluso las especies. Kanzi, un bonobo que habla mediante lexigramas, llamó a la col rizada «lechuga lenta» porque cuesta más masticarla que otras verduras. Que sepamos, Fallon aún no ha probado este material con Kanzi.

hace que la observación sea intrínsecamente graciosa. Es el lenguaje vivo que utiliza para expresarla, que evoca una imagen mental sacada directamente de una novela victoriana: dos almas desamparadas, desventuradas en el amor, unidas por el destino en medio de un mar de rosales y madreselvas. También hay una incongruencia divertida entre la escena que Bamford describe y cómo se conoce la gente en el siglo XXI (es decir, en Tinder* y no en un jardín).

CREA ANALOGÍAS

Al igual que el contraste, la comparación también puede crear humor. Algunos comediantes son maestros en el arte de la analogía, al poner de relieve lo ridículo de una situación o de un comportamiento comparándolo con algo totalmente diferente pero igual de exagerado.

Veamos a Jim Gaffigan, que utiliza una analogía de su observación de que las grandes familias como la suya parecen menos comunes en la actualidad:

> Las familias numerosas son como las tiendas de camas de agua; antes estaban por todas partes y ahora son raras de ver.

Sin la analogía de la tienda de camas de agua, esta observación carece de humor; podría parecer que Gaffigan,

(*) Más conocido como «El Jardín de los Horrores Terrenales».

que creció con cinco hermanos y ahora educa a cinco hijos, se lamenta de ser una excepción a la corriente dominante. El humor viene del hecho de que la comparación entre las tiendas de camas de agua y las familias numerosas es inesperada. Cuando tu cerebro (con ayuda de Gaffigan) le encuentra el sentido, la sorpresa es satisfactoria.

Las frases del tipo «es como si...» pueden ayudarte a detectar analogías y, con el tiempo, a crear las tuyas propias. Cuando empieces a buscarlas, te darás cuenta de que los comediantes las utilizan todo el tiempo.

Veamos a Hasan Minhaj, que señala su dificultad para comunicarse con su padre comparándolo con un director de cine con un estilo distintivo y polémico:

Cada conversación con mi padre es como una película de M. Night Shyamalan. Noventa minutos creando expectativas sin un desenlace. «¿¿Acaba así??».

Y John Mulaney, cuando expresa la aversión visceral que siente por los artistas del metro de Nueva York, tocándole música a pleno pulmón y sin su consentimiento en un lugar abarrotado que huele a sudor y donde no hay escapatoria posible:

Nunca me han matado unos sicarios, así que no sé lo que se siente en los momentos que preceden a la muerte, pero apuesto a que no es muy distinto de cuando vas en el metro y te das cuenta de que un grupo de mariachis va a ponerse a tocar.

Las buenas analogías son como los puentes en voladizo: difíciles de construir. Si esta técnica no te resulta fácil, no eres el único. Cuando el comediante y autor *bestseller* Nils Parker trabajó con nuestros alumnos para perfeccionar sus dotes cómicas, compartió un consejo muy útil: el tejido conectivo de una analogía es casi siempre la emoción o la opinión que el comediante siente a propósito de la observación que está describiendo. Una vez que descubriste esa emoción u opinión, la otra mitad de la analogía será mucho más fácil de encontrar.

Familias numerosas → inusual, pasado de moda ← Camas de agua

Feliz de conducir ebrio → demasiado confiado ←No puedes atarte los zapatos pero crees que puedes

Charlas con papá → tedioso y difícil ← Shyamalan

Artistas ruidosos en el metro → sensorialmente agresivos ← Muerte a manos de sicarios

En otras palabras, para crear una buena analogía, empieza por preguntarte qué sientes o piensas de tu observación, y hazla superespecífica de tu persona. Tu público tiene que entender por qué tú, específicamente, te sientes o piensas de esta manera; es decir, que la analogía tiene que ser «conforme a la marca» teniendo en cuenta lo que ya saben de ti. Para los que ven muchas comedias de Mulaney, es completamente lógico que él (o al menos su personaje en el escenario) experimente la incomodidad social como algo parecido al miedo a la muerte.

A continuación, intenta encontrar algo más universal con lo que compararlo, algo que se entiende por lo general que evoca la misma emoción u opinión. La parte de «se entiende por lo general» es clave: estos chistes funcionan porque la mayoría de la gente piensa que las camas de agua son algo raro y anticuado, y que las películas de M. Night Shyamalan se desmoronan de alguna manera en el tercer acto. Y la mayoría de la gente, al menos en las grandes ciudades, ha experimentado el terror abyecto del ataque furtivo de un artista en el metro.

En resumen, para construir una analogía eficaz, hay que encontrar los puntos comunes entre lo que piensas o sientes sobre eso específico que estás describiendo y lo que la mayoría de la gente piensa o siente sobre eso con que lo estás comparando.

Sigue la regla del tres

Como ya hemos visto en este capítulo, el despiste es un principio básico de la comedia, y por eso es importante preparar la observación de tal forma que el oyente se espere algo distinto.

El comediante y escritor David Nihill recalcó en un taller con nuestros alumnos que una forma fácil de conseguir despistar es atenerse a la «**regla de tres**»: enumera dos elementos normales o esperados y, a continuación, añade un tercer elemento inesperado. El cerebro humano busca patrones constantemente; una de las primeras cosas que aprendemos de niños es que C viene después de A y B. Así, cuando procesamos los dos primeros elementos (A y B), hacemos suposiciones sobre cuál será el siguiente patrón (C). Pero si le decimos a un niño de cuatro años A… B… ¡me picó!, creamos sorpresa y, por lo tanto, humor. Al menos para el niño de cuatro años.

Los comediantes utilizan este recurso con frecuencia. Veamos a Amy Schumer:

> ¡Sí! ¡¿Qué hay de nuevo, Denver?! Muchas gracias por venir a mi espectáculo. Esto es importantísimo para mí. No sé si lo sabrán, pero en este último año me hice muy rica, famosa y humilde.

Y Tiffany Haddish, que da otro giro inesperado en el último elemento:

> Por fin me convertí en una mujer adulta. Soy una mujer adulta: sobreviví al sistema de acogida familiar, sobreviví a la indigencia, incluso sobreviví a la excursión a los pantanos con el príncipe de Bel-Air, y eso que iba drogadísima.

En cada caso, los dos primeros elementos establecen el modelo, y el tercero lo subvierte. A la inversa, ¿cuál sería el efecto si metiéramos en medio las frases que dan risa?

- «Me hice muy rica, humilde y famosa».
- «Sobreviví al sistema de acogida familiar, sobreviví a la excursión a los pantanos con el príncipe de

Bel-Air y eso que iba drogadísima, incluso sobreviví a la indigencia».

De repente, el humor es menos claro. Cuando se pierde
la gracia en medio, se pierde el despiste, el impacto y
el humor.

Construye el mundo

Todos los chistes o *sketches* buenos parten de una premisa divertida. Después, no hay límite a lo que puedes
llegar a hacer. Pregúntate a ti mismo: **si esto es cierto, ¿qué
más?** En otras palabras, si la primera cosa divertida
que acabas de decir es cierta, ¿qué se desprende de ello?
Y si lo segundo que dijiste es cierto, ¿qué se desprende
de ello? Con esta técnica se pueden construir universos
enteros en miniatura. Cada detalle ofrece una nueva
oportunidad de llevar la realidad a nuevos extremos.

En este ingenioso ejemplo sacado del especial de monólogos de Ellen DeGeneres *Relatable* (2018), fíjate en
cómo el mundo vívido y específico que describe se vuelve
más absurdo a medida que la broma avanza:

Llevaba quince años sin hacer monólogos y, cuando
decidí hacer esta emisión especial, uno de mis amigos
estaba en mi casa y le dije: «Voy a volver a hacer monólogos». Y él dijo: «¿En serio?». Y yo le dije: «Sí, ¿por
qué?». Y él respondió: «Bueno, ¿crees que todavía tienes algo que contar?». Y yo dije: «Sí, creo que todavía

tengo algo que contar. Soy un ser humano». Él dijo: «Bueno, a ver, es que tu vida cambió mucho». Y yo dije: «Lo sé, pero todavía creo que tengo cosas que contar». En cualquier caso, justo en ese momento, Batu, mi mayordomo, entró en la biblioteca y anunció que mi desayuno estaba listo y dije: «Continuaremos esta conversación en otro momento».

Así que estoy sentada en el solárium tomándome el desayuno, e... iba por el tercer o cuarto bocado de piña cortada que Batu me estaba embutiendo y... dije: «Batu, no tengo hambre, perdí el apetito. Mi amigo me disgustó mucho con lo que dijo». Y él dijo: «Bien, entonces le prepararé un baño, señora». Y yo dije: «No tienes que anunciarlo a cada momento. Limítate a preparar el baño».

De modo que estoy en la bañera, mirando el rosal por la ventana y... Tatiana estaba cuidando las rosas y, en cualquier caso, salgo de la bañera y Batu había olvidado dejar la toalla al lado de la bañera. ¡Otra vez! Así que tuve que atravesar el cuarto de baño utilizando el *scooter* sobre el tapete de la bañera para llegar hasta la toalla. Y es grande... pueden imaginarse lo grande que es el baño. Es como... [señala una habitación enorme]. En el *scooter* sobre el tapete. Y en ese momento me paro y me digo: «Madre mía..., esto es algo que contar».

En esta última frase, DeGeneres hace algo especialmente inteligente. Utiliza la premisa de su chiste como un guiño (en breve lo explicaremos con más detalle). Consiguió que el público se meta tan de lleno en el mundo creado por ella que habíamos olvidado momentáneamente su razón de ser. DeGeneres empieza con un pequeño desvío y luego va alejándose, alejándose, alejándose, hasta que consigue arrancar una carcajada al público solo por recordarle lo mucho que se había alejado de la premisa original.

Tercera parte: Espontáneamente gracioso

La mayoría de los comediantes pasa meses o incluso años escribiendo y ensayando sus números. Obviamente, somos pocos los que podemos permitirnos ese lujo. E, incluso una vez que dominamos los principios de la creación de los buenos chistes, cuando utilizamos el humor en el mundo real, lo más normal es que tengamos que inventarlo sobre la marcha. Veamos algunos consejos que conviene guardarse en la manga para crear un humor espontáneo.

DESCUBRE CUÁLES SON TUS HISTORIAS EMBLEMÁTICAS

Tenemos tendencia a suponer que los comediantes poseen la capacidad sobrehumana de ser espontáneamente graciosos todo el rato. Suele ser el caso. Pero también es cierto que muchos chistes que parecen espontáneos fueron escritos, trabajados, reescritos (y reescritos por segunda vez), practicados y contados ante innumerables públicos infinidad de veces. La mayoría de los comediantes no tiene solo uno o dos chistes, sino todo un repertorio que se guardan en el bolso de atrás y al que recurren en caso de necesidad.

Puedes hacer lo mismo empezando a catalogar tus propias historias emblemáticas: tus historias de referencia, las que te encanta contar y siempre hacen reír, ya sea en una fiesta, en la sala de juntas o a tu pareja, que las ha oído un millón de veces.*

Eso no quiere decir que tengas que contar las mismas historias una y otra vez. Las buenas historias perduran porque son universales, no solo por las personas, sino también por las circunstancias. Por eso, si te gusta contar una historia, procura buscar la forma de vincularla con la situación en cuestión e intenta no repetirla delante del mismo público más de un par de veces, o correrás el riesgo de parecer un fraude. Una cosa que puede ayudar es reconocer que utilizas mucho la historia: «Me encanta esta historia porque…» o «Esto es lo que pienso siempre…». Si aceptas tu amor por la historia, tu entorno aceptará la repetición como parte de tu personalidad. (Razón de más para elegir juiciosamente tus historias, puesto que se convierten en una parte de ti).

(*) En palabras del comediante David Iscoe: «Por eso, como todo el mundo sabe, es tan difícil salir con un comediante. Si resulta que tu comediante especial siempre está practicando sus números contigo, no cortes y dale la oportunidad de que practique también las interrupciones con abucheos».

Descubrir el aquí y el ahora

Seth Herzog ejerce uno de los trabajos más difíciles del planeta. Además de hacer espectáculos cómicos en lugares tradicionales como los teatros y los actos benéficos, reconforta al público en *The Tonight Show* con Jimmy Fallon. Su trabajo consiste en hacer comedia para grandes grupos de desconocidos —que esperan impacientes en estudios climatizados a que empiece el «verdadero» espectáculo— y conseguir que se relajen. Por lo tanto, este hombre sabe un par de cosas sobre cómo provocar risas rápidamente.

Herzog dice que el camino más rápido hacia el humor espontáneo es encontrar algo específico para un grupo de personas en un momento preciso, con frecuencia observando las cosas extrañas o incongruentes de su entorno inmediato. Eso podría explicar por qué John Mulaney empezó su espectáculo en el histórico y ornamentado Radio Music Hall mirando a su alrededor y haciendo el siguiente comentario:

> Me encanta actuar en sitios donde, si el tipo que construyó el local pudiera verme en el escenario, se sentiría un poco decepcionado. Miren esto. Esto es mucho más bonito que lo que estoy a punto de hacer yo. Es verdaderamente…, es verdaderamente trágico.

Según Herzog, en realidad el objetivo es hacer que el público se sienta especial, como si los chistes se hubieran escrito solo para él. Recomienda preguntarse: «¿Qué es gracioso en este momento, para este grupo solamente? Es el medio más rápido y eficaz de hacer reír a un grupo».

Utiliza los guiños

Tanto en la vida real como sobre el escenario, una de las formas más fáciles de provocar la risa es hacer referencia a un chiste o un momento gracioso que se produjo antes. Es lo que se conoce como *callback*, un guiño o una alusión a algo dicho previamente. Basta con estar a la escucha de los momentos de risa, anotarlos mentalmente y estar atento a las ocasiones que pueden surgir de retomarlos más tarde.

Los guiños son altamente rentables, pues concentran gran riqueza de significado y contexto en un continente relativamente pequeño.

CRONOLOGÍA DE UN GUIÑO

Y no solo eso, sino que pueden favorecer los vínculos entre grupos. Al igual que las buenas bromas internas inclusivas, los guiños explotan las relaciones y los conocimientos existentes, lo que significa que cualquiera que ya esté al corriente de la broma se sentirá especial por poder formar parte de ella. En el capítulo 2 explicamos que recordar momentos de risa compartida refuerza los vínculos y hace que nos sintamos más satisfechos de nuestras relaciones, otra razón por la que los guiños en general —y las bromas internas (inclusivas) en particular— son un método potente de unión entre grupos.

Es como conseguir dos por el precio de uno: la gente se ríe con el recuerdo de la broma anterior (lo que te permite sentirte más conectado en el proceso) y, además, creas nuevas risas al evocar ese momento compartido de una manera sorprendente o inesperada.

Cuarta parte: Escenificar la gracia

Es la hora del espectáculo para Seth Meyers. En el número 30 de Rockefeller Plaza, sus guionistas han reducido los chistes del monólogo de apertura a un par de docenas, que Meyers presentará en el próximo ensayo general.

Pero los doce chistes finales que terminen incluidos en su monólogo no serán necesariamente los que parezcan más graciosos por escrito. Como dijo una vez el gran Buddy Hackett: «El 99% está en la interpretación. Si tienes la voz y el ritmo adecuados, eres lo bastante engreído y sabes asestar un buen remate, puedes decir lo que sea y hacer reír a la gente hasta tres veces antes de que comprendan que no estás contando chistes».

A continuación veremos algunos trucos que los comediantes entienden intuitivamente y utilizan generosamente para dar vida a sus contenidos. Como su utilidad es limitada por escrito, es mejor que vayas a ver a tu comediante preferido en acción y, si necesitas ideas, hemos incluido los nombres de algunos comediantes que, en nuestra opinión, son especialmente buenos en cada uno de estos trucos.

Las buenas comedias tienen melodía y ritmo. Consume más y empezarás a aprender la cadencia.

- **Haz una pausa antes del remate**. Prolonga el silencio para crear expectación antes de soltar el remate, como hacía el fallecido **Mitch Hedberg** en sus actuaciones.
- **Actúa**. Adopta (y exagera) los comportamientos físicos, los gestos, la voz y el punto de vista de un personaje. Mira algunos videos de **Sebastian Maniscalco**, por ejemplo. Durante la última hora de sus espectáculos, probablemente caminaba ochocientos metros en un radio de tres metros alrededor del micrófono; daba patadas, se caía, se ponía de rodillas… Parece agotador, pero funciona.
- **Acentúa el efecto dramático**. Acentúa la emoción de tu relato variando el timbre, el tono, la inflexión y el ritmo de tu discurso. Todos los comediantes lo hacen en cierta medida, pero **Maria Bamford** es un ejemplo excelente.
- **Repite los remates divertidos**. Después de soltar un remate, los comediantes suelen repetirlo. **Jerry Seinfeld** lo llamaba «quedarse en el momento». Si ves uno de los especiales cómicos de **Chris Rock**, verás que es un auténtico maestro en la materia.

- **Adapta la representación al contenido.** Si **Tig Notaro** intentara hacer los chistes de Chris Rock, no le saldrían.* El humor tiene que adaptarse al contenido y al estilo. Observa a dos comediantes diferentes y presta atención a sus diferencias de estilo.
- **Exprésate con confianza.** Lanza remates con rotundidad. Articula, habla sin tapujos, con claridad y autoridad, como **Ali Wong**.

NO OLVIDES LA IMPORTANCIA
DE LOS GUIÑOS

UN PLACER
VOLVER A VERTE

En el número 30 de Rockefeller Plaza, los chistes van que vuelan y las risas rebotan por los pasillos. Seth está representando, al parecer sin esfuerzo, una serie de chistes concebidos con lucidez y pulidos con meticulosidad para el público del estudio, y los guionistas han pasado al ciclo de noticias del día siguiente (además de pasar del café al Red Bull).

Este equipo trabaja sin descanso. Trabajan con plazos urgentes imposibles, reaccionan a un conjunto de

(*) Excepto en una especie de anticomedia surrealista, que, como comprendemos ahora, nos gustaría ver más que nada del mundo.

informaciones que cambian de un minuto a otro y entregan un producto que verán millones de personas.

Se dedican a la comedia, pero hacen un trabajo serio.

Y, aun así, a pesar de las noches en vela, encuentran el humor no solo en los contenidos que producen, sino también en su forma de trabajar. «Si nos tomáramos demasiado en serio en la oficina, sería la muerte de la comedia», dice Seth.

En este capítulo hemos vivido en el mundo de los comediantes. Y, si bien es fácil imaginar a personas que han dedicado su vida al arte de la comedia y lo han integrado en su lugar de trabajo, puede que sea más difícil imaginarnos haciendo eso nosotros mismos. Pero lo cierto es que, sea cual sea nuestro oficio o nuestro lugar de trabajo, la mayoría puede encontrar más ocasiones para el humor y la levedad. Por eso llegó el momento de empezar… a poner en práctica tu sentido del humor.

CAPÍTULO 4
SACA AL CÓMICO QUE LLEVAS DENTRO

No hay nada como una pizca de humor para asegurarnos de que un ser humano late dentro de un extraño.

Eva Hoffman

¿Oyes eso? Es el sonido de la llanta rozando el pavimento. Es hora de lanzarse de cabeza sobre las maneras prácticas de llevar levedad y el humor al trabajo.

Pero, antes de empezar, una advertencia: somos conscientes de que la idea de utilizar el humor en nuestra vida profesional puede resultar abrumadora o incómoda. Si tienes palpitaciones solo de pensar en la idea de contar un chiste delante de tu jefe, tus compañeros de trabajo o el sujeto de contabilidad que nunca sonríe, te animamos a que bajes el listón. Recuerda que el objetivo no es necesariamente contar chistes o ser gracioso, sino establecer conexiones más humanas en los momentos de la vida cotidiana y ser más productivo y eficaz (por no decir menos aburrido) en el proceso.

Empezaremos por identificar pequeñas maneras tácticas y banales de modificar las palabras que utilizamos y los mensajes que enviamos, ajustes menores en nuestra forma de «movernos» que marcan una gran diferencia en cómo nos mostramos en el mundo, y en cómo el mundo se muestra a su vez.

A continuación nos centraremos en un pequeño número de momentos importantes, explorando cómo los actos de humor pueden ayudarnos a superar encrucijadas críticas en el trabajo, bien se trate de decir cosas difíciles, bien de tomar decisiones difíciles o motivar a otros para que hagan…, en fin, lo que sea.

Por último, abordaremos las interacciones que mantenemos con nuestros equipos y cómo una levedad estratégicamente colocada puede contribuir a modificar las mentalidades para desbloquear el trabajo creativo y productivo.

Comunicar con levedad

Las palabras importan. Y no lo decimos solo porque haya muchas en este libro.

Los estudios muestran que las palabras que elegimos tienen una honda repercusión en nuestra psicología y en nuestro comportamiento. Se trata de un principio que con frecuencia se conoce como hipótesis Sapir-Whorf,[1] y aunque suene a episodio de *Star Trek*, en realidad solo significa que la lengua que empleamos puede moldear literalmente nuestra cognición, nuestras acciones y nuestra forma misma de percibir el mundo. También significa que la calidad de nuestras relaciones profesionales y la cultura de nuestras organizaciones dependen directamente de nuestra forma de comunicarnos en el trabajo.

Ahora bien, no somos las primeras en afirmar que una comunicación sólida es básica para el éxito profesional, de eso no cabe duda. Pero, en una época en la que el trabajo a distancia está a la orden del día[2] y los medios de comunicación digitales sustituyeron prácticamente las conversaciones relajadas de toda la vida, no es fácil encontrar maneras de estrechar lazos con nuestros compañeros de trabajo. Y, cuanto menos interactuemos cara a cara, más tendremos que delegar el trabajo pesado a nuestras comunicaciones escritas.

Pero muchas de nuestras comunicaciones escritas solo hacen la mitad del trabajo: transmiten información, pero no logran crear un vínculo humano. Escribimos correos electrónicos que no tienen nada que ver con nuestra forma de hablar y escribimos en una prosa tan sosa que suena robótica y clínica. ¿Por qué nos hemos tragado el cuento de que las comunicaciones profesionales tienen que estar totalmente desprovistas de personalidad, carácter o singularidad?

QUIÉN PUEDES SER EN EL TRABAJO

PERCEPCIÓN

REALIDAD

100%
SERIO

100% TÚ MISMO
(BUENO, ¿QUIZÁ 80%?)

Habla como un humano

En todo el mundo hay personas y empresas que se enfrentan a este problema. En Deloitte, por ejemplo, la jerga empresarial se convirtió en un problema tan grave que, en 2003, Brian Fugere, entonces director de *marketing* de la firma, concibió un producto para contribuir a eliminar la jerga estéril que se había vuelto cada vez más frecuente, tanto a nivel interno entre empleados como a nivel externo entre empleados y clientes.

La idea nació de una misión por mejorar la imagen pública de Deloitte y distinguir a la empresa del resto de las consultoras multimillonarias. Cuando empezó a recabar opiniones de los clientes para que le ayudaran a entender cómo podía mejorar la empresa, Brian esperaba comentarios sobre el conocimiento del sector, la oferta de servicios y su presencia mundial. Sin embargo, la queja principal tenía que ver con el estilo de comunicación de los consultores. No dejaron de repetirle la misma e inesperada cantinela: «¡Que se dejen de sinsentidos! Me gustaría que nos hablaran sin rodeos».

Los consultores de Deloitte, como muchos de nosotros, habían dejado de hablar como humanos. La comunicación seca y genérica que impregnaba sus correos electrónicos, presentaciones de diapositivas y otros medios electrónicos había calado en la manera de comunicarse entre ellos y con los clientes. Fugere comprendió que tenía que hacer algo para devolver la humanidad a la empresa.

De modo que él y su equipo desarrollaron un *software* que ponía el foco en los sinsentidos de los mensajes escritos por los empleados de Deloitte. Recopilaron un diccionario con toda la jerga más censurable y organizaron un concurso* para ver quién era capaz de ofrecer los sinsentidos más atroces. Entre los que sonaban peor figuraban «apalancamiento», «ancho de banda», «proactivo», «incentivar», «inocular», «alinearse», «robusto», «sinergizar» y «envisionar». Sí, «envisionar».

(*) El premio del consultor ganador fue un viaje con todos los gastos pagados para hacer un curso de la Academia de Tauromaquia de California, es decir, la escuela taurina. [En inglés *bullshit*, que en este contexto hemos traducido por «sinsentido» se compone de *bull*, «toro» y *shit*, «caca». De ahí el juego de palabras con «toro» y «tauromaquia» que sigue (*N. de la t.*)].

¿ERES UN ROBOT?

SELECCIONA TODOS LOS CUADRADOS QUE CONTIENEN JERGA

CIRCLE BACK	MOVE THE NEEDLE	TOUCH BASE
PUSH THE ENVELOPE	RUN IT UP THE FLAG POLE	PING ME
PEEL THE ONION	SYNC UP	•••

PIENSA FUERA DE LO COMÚN

CIRCLE BACK	(VOLVER A HABLAR DE ALGO)
MOVE THE NEEDLE	(PRODUCIR UN RESULTADO RELEVANTE)
TOUCH BASE	(PONERSE AL DÍA CON ALGUIEN)
PUSH THE ENVELOPE	(ALCANZAR NUEVOS LÍMITES)
RUN IT UP THE FLAG POLE	(PRESENTAR UNA IDEA Y VER SI ES BIEN RECIBIDA)
PING ME	(MANTENER FRESCOS LOS CONTACTOS)
PEEL THE ONION	(EXPLORAR LAS CAUSAS DE UN PROBLEMA)
SYNC UP	(SINCRONIZARSE)

A continuación, crearon un programa que escaneaba el texto de un correo electrónico o documento y escupía un «Bull Index» («Índice de sinsentidos») que evaluaba el mensaje del 1 al 10 (donde 10 significa que es muy legible y suena muy humano, y 1 significa, bueno, que es un sinsentido total).

Una puntuación particularmente baja en el índice de sinsentidos también podría dar lugar a una reprimenda graciosa, como, por ejemplo:

Diagnóstico: vives en un estado de oscuridad raro y con frecuencia irreversible. Dependes por completo de otros oscurantistas avanzados para entender todo lo que intentes comunicar. Las frases pueden carecer por completo de palabras que figuran en el diccionario. Los médicos del Bull Institute pagarían por estudiarte.

El programa informático también ofrecía sugerencias para reducir el número de sinsentidos. Si te encontraban usando «tener ancho de banda» en un documento, por ejemplo, el programa lo marcaba como sinsentido, ofrecía alternativas útiles —como «tener capacidad» o «tener tiempo»— y añadía este comentario superfluo y demoledor para el ego: «Tu vida se ha convertido en esto: eres un conducto pasivo para todo, una especie de cable de fibra óptica. Otro término que recuerda la manía tecnológica de finales de los años noventa». ¡Cómo te quedó el ojo!

El programa, al que bautizaron en son de broma como «Bullfighter» («Torero»), se hizo viral y no solo lo descargaron los empleados de la empresa, sino que hubo más de 40 000 descargas externas en todo el mundo. Los resultados fueron visibles casi de inmediato. Cual bibliotecario impertinente que habitaba las computadoras de los empleados, Bullfighter sirvió de recordatorio constante (y a menudo impertinente) para que se dejaran de usar *palabros* que, como dijo Fugere, «nos transforman de las personas divertidas, sinceras y atractivas que somos durante el fin de semana en empresarios estirados y aburridos».

Pronto la claridad de las comunicaciones mejoró drásticamente, lo que envió señales importantes tanto a empleados como a clientes. Pero ocurrió otra cosa importante: la gente empezó a comportarse de otra forma. En palabras de Fugere: «Bullfighter dio a la gente de la organización el valor de correr riesgos y probar cosas nuevas. De mostrar a los demás —y recordarnos a nosotros mismos— que somos una empresa que tiene alma. Y, por la misma regla de tres, mostramos al mercado que estamos dispuestos a hacer las cosas de otra manera, incluso (¡ups!) cosas que son divertidas de verdad».

Esto último es importante: hacer cosas que sean divertidas de verdad. El cambio que experimentaron Fugere y su equipo no solo en su lenguaje, sino también en su comportamiento, recuerda la hipótesis de *Star Trek*. Los científicos y los lingüistas creen que las palabras no solo son una ventana a nuestra identidad y nuestros actos, sino que también desempeñan un papel en la formación de estos elementos. Hablando claro, si escribimos como autómatas corporativos, muy pronto empezaremos a actuar como ellos. Pero ¿las personas? Sabemos cómo divertirnos.

Entonces, ¿cómo empezamos a cambiar las cosas? En primer lugar, por supuesto, hay que salir a torear. Ya sea cara a cara o por correo electrónico; se acabó eso de dejar tu personalidad en la puerta.

A continuación, envía un mensaje que inspire a otros a hacer lo mismo. Literalmente.

ENVÍA UN MENSAJE

El día que hay que enseñar este tema en nuestra clase de Stanford, sorprendemos a nuestros estudiantes con una actividad. Les pedimos que saquen sus teléfonos, vayan a la carpeta de correos enviados y reenvíen los últimos cinco correos electrónicos (no privados) a un compañero de clase. El propósito de este ejercicio no solo es buscar el tipo de lenguaje empresarial que Bullfighter podría captar, sino también ver si el remitente ofrece oportunidades para que el destinatario responda con levedad. Como era de esperar, estas oportunidades son escasas.

Hoy en día, un empleado promedio pasa cerca del 30% de sus horas de trabajo en el correo electrónico y recibe 120 mensajes al día.[3] Pero la correspondencia en línea —se trate de un correo electrónico, un chat de grupo, un mensaje de texto, de TikTok o cualquier otra nueva tecnología que ya haya sustituido a todas estas cosas desde que escribimos esta frase— no tiene por qué matarte de aburrimiento. Al contrario, piensa en los mensajes digitales como en pequeñas oportunidades para crear una conexión genuina con tus compañeros de trabajo y tus socios. Incluso un toque de levedad puede desencadenar una reacción en cadena que cambie la dinámica.

A continuación te presentamos algunas de las formas más fáciles y prácticas de añadir levedad a los mensajes que envías. Estas técnicas de una simplicidad pasmosa son perfectas para convertir un tedioso intercambio de mensajes en una conversación auténtica.

Utiliza los guiños

Como vimos en el capítulo 3, un guiño hace referencia a una experiencia compartida entre tú y el destinatario, transformando un momento único en una broma interna. Los guiños son especialmente potentes porque permiten que la otra persona responda de la misma manera. Como haces con la levadura instantánea cuando horneas pan casero, espolvorea un poco y verás cómo sube la masa.

Una de nuestras entrevistadas, Daria, compartió un ejemplo personal. Un día salió pronto del trabajo para ir a cortarse el pelo, y ella y su jefe, Saagar, se rieron al comentar que el producto en el que ella estaba trabajando quizá no quedaría perfecto, pero al menos su peinado sí.

Esa misma tarde, Daria envió a su jefe el producto terminado, junto con este guiño:

Saagar:
Adjunto la presentación actualizada. Como comentábamos esta mañana, creo que será una herramienta estupenda para iniciar las conversaciones que necesitamos con los superiores.

Avíseme si es necesario revisar la presentación o si tal como está ahora combina con mi peinado: perfecto.

DARIA

Saagar no tardó en responder en la misma línea:

Daria:
No es necesario hacer ninguna revisión, combina perfectamente con su peinado. Disfrute de las fiestas con su familia.

Siempre con un peinado bonito,

SAAGAR

De esta forma tan sencilla, Daria reforzó el momento de levedad que había compartido con Saagar, creó un nuevo momento y facilitó una respuesta de Saagar en la misma línea. Un aplauso para Saagar no solo por reconocer la levedad, sino también por aprovecharla al despedirse.

Aludir a un momento compartido, sea cual sea, suele funcionar, pero aludir a un momento en el que tú y el destinatario se rieron juntos, como hizo Daria, es especialmente potente. Una de nuestras compañeras lo practica deliberadamente cada vez que tiene una conversación telefónica con un nuevo cliente. Como es inevitable, surgen algunos momentos de risa —bien sea por el ladrido de un perro, el mal funcionamiento de la línea de conferencia o las bromas de alguien— y los anota en su cuaderno con una estrella (*).

No se desvive por crear estos momentos, pero asegura que solo un pequeño puñado de llamadas se han quedado sin estrella desde que empezó a darse cuenta hace años. Sus favoritas (una o dos) entran en sus correos de seguimiento como guiños.

La belleza de los guiños es que se deslizan sin esfuerzo en casi cualquier parte de tu correo. Pero si prefieres un atajo, sigue el ejemplo de Saagar y no busques más allá de tu fiel despedida por correo.

Dales sabor a tus despedidas

La despedida de tus correos electrónicos dice mucho de ti: ¿tienes tendencia a concluir con un «Saludos cordiales» reservado y formal, un «Gracias de antemano por su ayuda» ligeramente pasivo-agresivo o un «Ciao» jovial y relajado? Este tipo de despedidas envían señales sutiles sobre tu estado afectivo general, tu estatus, y si pasas mucho tiempo en los bares.

Como demostró Saagar, también son un terreno propicio para la levedad. Veamos algunas despedidas graciosas que nos han llamado la atención:

- Al pedir un favor: «Con los dedos de las manos y los pies cruzados».
- Al disculparte por una respuesta que tardó siglos: «Su avergonzado».
- Cuando estás estudiando mucho: «Suyo, hasta el café más cargado».
- En referencia a una llamada telefónica con ladridos de perro de fondo: «Todavía preguntándome quién soltó a los perros».

Añade una posdata

En una serie de célebres estudios sobre la respuesta a la publicidad directa, el profesor y escritor Siegfried Vögele[4] constató que el 90% de las personas leen la posdata antes que el cuerpo de la carta. Esto significa que la posdata será probablemente la primera impresión de tu destinatario, no la última.

Ocurre lo mismo con el correo electrónico. Es como hacer realidad un sueño infantil: comerte el postre antes que la cena. Como tal, una posdata (P. D.) es una manera impactante de incluir un poco de levedad en un correo electrónico que, de otro modo, sería serio. Veamos un ejemplo:

> Hola, Mark:
> No estoy seguro de si el hipervínculo llegó en el correo electrónico de ayer, así que quería darle seguimiento con un PDF de baja resolución, que nunca falla con algunos organigramas. Lo adjunto para tu disfrute.
> Salud,
>
> SACHI
>
> P. D.: Los PDF son el nuevo negro.

Un momento. ¿Los PDF son un color? No. ¿Tiene algún sentido la frase «los PDF son el nuevo negro»? Apenas. Pero, de una manera u otra, funcionó (en cualquier caso, lo suficiente como para que Mark se sintiera obligado a

143

compartirlo con nosotros). Lo que hace que esta técnica sea tan deliciosamente fácil es que un poco de azar resuelve el problema. El simple hecho de nombrar algo que es cierto para ti aquí y ahora, como «P. D.: Hace CALOR en Tucson» o «P. D.: Está lloviendo en San Francisco» deja claro que eres una persona y no un robot (puesto que todo el mundo sabe que los robots no pueden funcionar en condiciones extremas de calor o lluvia).

Bien se trate de algo aleatorio, un guiño al contenido del correo electrónico o una referencia a una broma interna que compartes con el destinatario, una posdata graciosa es el equivalente a un guiño en el correo electrónico: indica intimidad e invita a jugar.

Aprovecha la oportunidad

Una cosa es aportar levedad al lugar de trabajo cuando estás trabajando, pero los verdaderos expertos saben cómo hacerlo incluso cuando no lo están. Redactar una respuesta memorable desde fuera del trabajo es un arte, y Heather Currier Hunt, directora global de aprendizaje y desarrollo en IDEO, es una maestra indiscutible en la materia.

Para Heather, añadir levedad a un mensaje de fuera del trabajo es «una oportunidad para que toda la interacción de la respuesta automática pase de la escasez (no hay nadie en casa) a la abundancia (vaya, eso me llena de alegría)».

LA TÍPICA FÓRMULA DE FUERA DEL TRABAJO

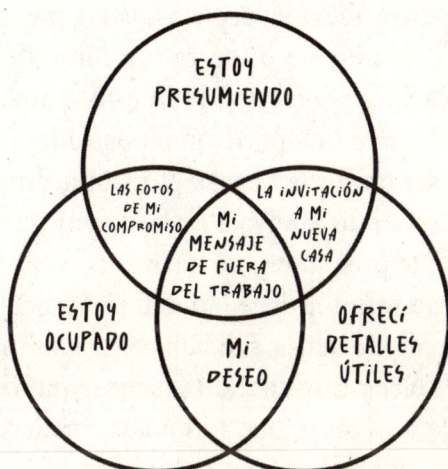

Veamos un ejemplo del típico mensaje de fuera del trabajo:

> Estaré ausente hasta el lunes 10 de julio. Si necesita asistencia inmediata, póngase en contacto con…

Zzzzz… Ahora veamos el de Heather:

> Estoy en el extranjero con el wifi más inconsistente que he conocido jamás. Es la justificación de la plena conciencia, la invitación a un millón de instantes interrumpidos en la inmediatez beligerante. Me pondré en contacto con usted el 10 de julio, cuando haya regresado a Nueva York, donde los datos circulan como una corriente subterránea y las horas no son ni de aquí ni de allá. Mientras tanto, gracias por su paciencia.

A lo largo del tiempo, Heather ha recibido muchas respuestas divertidas (y perplejas) a sus mensajes cómicos, tanto de compañeros cercanos como de recién conocidos. A ella le parece que todo esto «cambia el intercambio de "tengo una petición o necesidad" a "te veo y te oigo"», sentando las bases para una dinámica más productiva cuando vuelva a estar disponible.

Pero no te preocupes, no hace falta ir tan lejos como Heather para infundir levedad a tu mensaje de fuera del trabajo. Cualquier cosa sencilla, ligera y humana será suficiente. Hace poco, cuando un compañero nuestro se fue de viaje a la montaña, todos los que le escribieron durante ese periodo recibieron este mensaje de respuesta:

> ¡Buenas! Estoy de excursionismo en Sierra Nevada sin señal hasta el 22 de septiembre. El suyo será mi correo favorito al que responder a mi regreso.
>
> Con amor (y favoritismo),
>
> PETER

Un guiño dentro de una despedida picante, un toque de exageración y muchísima humanidad.

CAUSA BUENA IMPRESIÓN

Nuestro cerebro emite juicios con una rapidez asombrosa; tan rápido, de hecho, que cuando los investigadores Nalini Ambady y Robert Rosenthal pidieron a un grupo de estudiantes que vieran videos de dos segundos de profesores que no conocían y los puntuaran en función de cualidades como la honestidad, la simpatía, la competencia y la profesionalidad, sus puntuaciones coincidieron con las de los estudiantes que habían estudiado con esos profesores durante todo un semestre.[5]

Aunque dos segundos parezcan extremos, se ha demostrado que la impresión que se causa durante un primer encuentro influye decisivamente en la trayectoria de la relación. No dejes estos primeros encuentros al azar. Mientras te preparas para la reunión, busca pistas que te ayuden a establecer un vínculo personal con la otra persona: sobre sus pasiones, sus experiencias únicas y, si es posible, su sentido del humor.

Por ejemplo: a Daymond John le encantan los chistes de padres.

También es un empresario próspero, fundador y CEO de FUBU, y uno de los inversores del programa *Shark Tank* de la ABC; una persona impresionante y potencialmente intimidante cuando la tratas por primera vez.

Por eso, cuando Billy Gene Shaw se preparó para su primera reunión con John, investigó y optó por un método no tradicional para causar una primera impresión.[6] Mientras recorría el Twitter de John antes de la cita, Shaw comprobó que John había publicado varios mensajes sobre su afición a los chistes de padres (como un video *selfie* con esta joya: «¿Han oído hablar del baterista que tuvo dos hijas gemelas? Las llamó Anna 1, Anna 2»).

Antes de la reunión, Shaw compró un libro con cientos de chistes de padres y lo leyó añadiendo notas al margen sobre sus favoritos. Cuando se conocieron, le dio el libro a John y le dio las gracias por su tiempo.

El gesto de Shaw causó impresión. «Él sabía que tenía lo necesario para impresionarme con sus conocimientos sobre los medios digitales», reflexionó John más tarde, pero «fue un gesto personal tan cariñoso que inevitablemente me tocó la fibra… y a partir de ahí nos hicimos amigos, gracias a este vínculo un poco tonto».

No siempre contamos con el lujo de tener una cita en persona para causar buena impresión. Tras una rápida búsqueda en Google, las personas suelen formarse una opinión sobre nosotros antes de que entremos en una habitación con ellas. Por eso es más importante que nunca que nuestra presencia en Internet sea un reflejo de la impresión que queremos causar.

Piensa en los centenares, o millares, de personas que has «conocido» antes de entrar en la habitación con ellas. Una biografía alegre es como saludarlas con una sonrisa. Eso es lo que hizo nuestro antiguo alumno Steve Reardon cuando buscaba trabajo.

Corría 2017 y la directora de una sociedad de capital riesgo de San Francisco quería contratar a un emprendedor para dirigir una nueva empresa que la sociedad estaba a punto de comprar. Mientras examinaba las candidaturas, la responsable de contratación dio con la de Reardon. Su historial era impresionante: años de experiencia profesional, salidas triunfales de empresas anteriores y un MBA de una prestigiosa institución. Además de esto:

Steve Reardon es un directivo que trabajó en un amplio abanico de empresas, entre ellas, su propia *start-up* tecnológica, una cadena mediana de tiendas de deportes y un grupo bancario mundial. Actualmente es consejero delegado de ASG MarTech, un grupo de empresas de *marketing* digital Saas que incluye Grade.us, Authoritylabs, Social Report y Cyfe. También es el fundador y el presentador de BlindSpot, un pódcast de política y economía que su mujer y sus dos hijas describen cariñosamente como «largo, aburrido y totalmente carente de sustancia».

El cambio de ritmo de la última frase llamó la atención de la responsable de contratación. Mostraba ingenio, humildad y confianza apoyándose en su talento y su idoneidad para el puesto, y decidió invitarlo a una serie de entrevistas. En la primera entrevista le preguntaron a Reardon por —lo adivinaste— su «largo y aburrido pódcast». Consiguió el empleo.

Por supuesto, no fue una biografía alegre lo que hizo que contrataran a Reardon, y tampoco será lo que determine que te contraten a ti. Pero cuando eres uno de los cientos o miles de candidatos más o menos igual de cualificados, con frecuencia son los pequeños detalles —como hacer sonreír a la persona que está al otro lado del proceso de contratación— los que te permiten cruzar la puerta, y eso a veces es la parte más difícil.

Pero el humor no te dará necesariamente una ventaja solo porque sí. Así que arremángate y pon esas técnicas humorísticas al servicio de tu biografía profesional. Y mientras lo haces, ten en cuenta estos cuatro consejos:

- **Encuentra el equilibrio adecuado**. Una biografía cómica no debe ser menos impresionante que una seria. Uno de los mayores errores que se cometen es pasarse con la frivolidad. Cuando realizamos un estudio con nuestros estudiantes en Stanford, descubrimos que una o dos líneas ingeniosas y relajadas en una biografía que, por lo demás, ya era impresionante, permitían a los lectores percibir al candidato (frente a otro con la misma biografía sin la frivolidad) como más inteligente, simpático y deseable como compañero, además de —agárrate— más seductor. No restes importancia a tus logros; utiliza más bien la levedad para señalar que eres una persona multidimensional que no solo es competente y talentosa, sino también de trato afable.
- **Termina con una nota ligera**. Guárdate el «remate» para el final: nadie lo verá venir después de una retahíla de calificativos serios e impresionantes. Steve lo hizo magistralmente con la frase «que su mujer y sus dos hijas describen cariñosamente», que llevó al lector a esperar algún tipo de elogio efusivo sobre su destreza con el pódcast... y, en cambio, sándwich de jamón. Es decir, lanzó una bola curva con el calificativo decididamente poco tentador «largo, aburrido y totalmente carente de sustancia». Corteza prefrontal: activada. Hora de una galleta.

- **Elige el contenido estratégicamente.** No te aferres a cualquier cosa que sea graciosa. Utiliza la levedad estratégicamente para (a) atenuar las percepciones no deseadas que la gente pueda tener de ti y (b) resaltar detalles que son impresionantes, importantes en el terreno personal o simplemente divertidos de contar, pero que de otro modo podrían resultar extraños o incómodos de incluir.

  Si conoces a Reardon en persona, te darás cuenta enseguida de por qué se describe a sí mismo como un australiano jugador de *rugby*, dotado con una voz atronadora y una presencia fuera de lo común. Sabe que sus compañeros pueden verlo como una persona intimidante y sus posibles empleadores como alguien muy seguro de sí mismo. Descubrió que el humor autoirónico y hablar de su familia lo hacen más cercano y permiten que la gente vea su cara más dulce. (Que conste que también quiere a su familia de forma no estratégica).

  Revelar detalles interesantes e inesperados sobre ti mismo abre la puerta a otro tipo de conversación. Es mucho más interesante y divertido hablar de tu pódcast, tu pasión por la ornitología o tu colección de sables samurái que de muchas otras cosas de las que podrías hablar.

- **Sé prudente a la hora de hacer autocrítica.** La autoironía es una estrategia inteligente para un director general con un currículum impresionante. Pero para alguien que está en una fase relativamente temprana de su carrera puede ser arriesgada, sobre todo si el objeto de la autoironía es una habilidad o competencia que es relevante para el empleo. Imagínate lo diferente que habría resultado la última frase de Steve si se hubiera postulado para un puesto de productor de pódcast. Por lo tanto, si vas a usar la autoironía, que sea sobre algo que no esté relacionado con tu trabajo. Nuestro amigo Michael Kives utilizó la siguiente biografía cuando lo invitamos a nuestra clase:

> Michael Kives es fundador y consejero delegado de K5 Global, una empresa de asesoramiento en el campo de los medios de comunicación y los servicios financieros. Anteriormente trabajó como agente cinematográfico en Creative Artists Agency, donde representó a actores, cantantes y líderes mundiales como Arnold Schwarzenegger, Katy Perry y Warren Buffett. Cuando estaba en la preparatoria, Michael se convirtió en la primera y única persona en ganar dos veces el Campeonato Mundial de Debate, lo que le valió el título de «adolescente más persuasivo del mundo». En la actualidad vive solo en Los Ángeles, sin mascotas y ni una miserable planta.*

(*) Nos agrada anunciar que en la actualidad Michael está felizmente casado, vive con su familia y sigue en Los Ángeles, por si quieren enviarles por correo una planta suculenta a él, a su encantadora esposa Lydia y a su hija.

Gracias a una autoironía estratégica, Kives canalizó simultáneamente el humor y la vulnerabilidad sin minimizar sus competencias profesionales.

UN TIPO DISTINTO DE ESCALERA CORPORATIVA

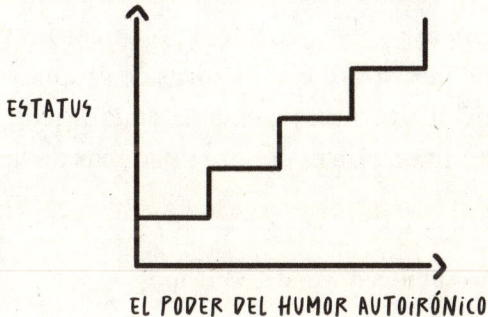

ESTATUS

EL PODER DEL HUMOR AUTOIRÓNICO

Gestionar los momentos difíciles

Hasta ahora hemos estudiado formas de introducir levedad en interacciones banales y triviales. Es hora de aprender a utilizarla en algunos de los momentos más importantes de tu carrera profesional.

Cuando las cosas se ponen feas, nuestro instinto nos empuja con frecuencia a permanecer serios; al fin y al cabo, no quieres que te tomen por impertinente o un frívolo en un momento que requiere sensibilidad. Pero, lo creas o no, el humor puede ayudarnos a superar estos momentos difíciles. Veamos algunos ejemplos de cómo los expertos del humor en el trabajo han recurrido a la levedad para decir cosas difíciles, tomar decisiones difíciles y convencer a los demás de que hicieran lo mismo en entornos de alto riesgo.

Decir lo difícil

En un mundo perfecto, nuestra vida profesional sería fácil, agradable y sin conflictos. Pero todos sabemos que esa no es la realidad. Cuando nos enfrentamos a conversaciones e interacciones difíciles o incómodas en el lugar de trabajo —bien se trate de plantear preocupaciones personales, abordar dinámicas de grupo o distender una situación incómoda—, la levedad puede ayudar a comunicar lo que dices con un poco más de facilidad.

Salvar a los saboteadores de sí mismos

John Henry, consultor en gestión de alto nivel en una de las mayores empresas del mundo, asesora a una variada cartera de altos ejecutivos y juntas directivas. Aunque ha comprobado que las dinámicas sociales que ponen trabas al trabajo productivo suelen ser las mismas allá donde vaya, puede resultar difícil abordar el tema sin causar revuelo entre sus clientes.

Por eso guarda en su maletín un ejemplar del *Manual de campo de sabotaje simple*, de la CIA, un conjunto de directrices ideadas por funcionarios del gobierno estadounidense para sabotear organizaciones terroristas desde dentro. Desarrollado originalmente por la Oficina de Servicios Estratégico (OSS, por sus siglas en inglés) durante la Segunda Guerra Mundial, el *Manual de campo de sabotaje simple* es, en palabras de la CIA, una guía para «enseñar a la gente a hacer mal su trabajo».

Veamos una muestra de algunas de las tácticas que los mejores agentes de inteligencia de nuestro país recomiendan utilizar para socavar las operaciones y la eficacia de una célula terrorista, o de la típica reunión de una junta directiva estadounidense:

1. Cuando sea posible, remite todos los asuntos a las comisiones para su «estudio y consideración ulteriores». Intenta que los comités sean lo más numerosos posible: no menos de cinco personas.
2. Pronuncia discursos. Habla con la mayor frecuencia posible y largo y tendido. Ilustra tus puntos con largas anécdotas y relatos de experiencias personales.
3. Discute sobre la redacción precisa de comunicaciones, actas y resoluciones.
4. Saca a relucir temas irrelevantes con la mayor frecuencia posible.
5. Remítete a los asuntos decididos en la última reunión e intenta reabrir la cuestión de la conveniencia de esa decisión.

Ahora imagínate a John Henry sentado en una reunión de la junta directiva, con algunos clientes muy importantes a los que debe asesorar mientras realizan involuntariamente los mismos actos de sabotaje que la CIA recomienda utilizar contra sus enemigos. Revisan sus decisiones, se detienen en minucias y entierran decisiones cruciales bajo capas de burocracia. Es una realidad incómoda de señalar, pero John se siente orgulloso de poder expresar lo que sus clientes necesitan oír, no lo que les resulta cómodo.

Así que, en lugar de enumerar todos los errores cometidos por la dirección de la empresa, saca el *Manual de campo de sabotaje simple* y procede a leer los consejos antes enumerados. Primero, los ejecutivos ríen nerviosamente al reconocerse a sí mismos. Luego, cuando se dan cuenta de lo absurdo de la situación, empiezan a reírse en serio.

Una cosa es que te aconsejen que probablemente deberías formar menos comités y otra cosa es enterarte de que, inadvertidamente, estás empleando un nivel de sabotaje avalado por los agentes de inteligencia de tu nación para sembrar el caos en tu propia empresa. El humor mismo del momento permite a Henry transmitir un mensaje incómodo de una forma que capta la atención e incita al cambio, a la vez que lo hace digerible.

Reconoce tus errores

Para otra de nuestras entrevistadas, lo que le resultaba incómodo de reconocer era su propio error. Sonal Naik estaba planificando una jornada de trabajo externa para el jefe de producto de una multinacional de tecnologías de la información. Su cliente dirigía un negocio de 40 000 millones de dólares y estaba convocando a más de veinte líderes veteranos para una sesión que ella debía concebir y moderar. Se trataba de una sesión de alto riesgo con un grupo de altos directivos y, como la fecha estaba a la vuelta de la esquina, era fundamental que su cliente se pusiera al día con (y participara en) el diseño de la sesión.

Las limitaciones de agenda apenas le habían dejado una treintena de minutos para la llamada y, como tenía mucho que tratar en poco tiempo, empezó a hablar a toda velocidad, desgranando un punto tras otro sin casi pararse a respirar. Después de un monólogo de varios minutos, el cliente de Sonal intervino, exclamando con un suspiro exasperado: «¡Te extendiste demasiado! ¡Sonal, te extendiste demasiado!».

Sonal se quedó muda e intentó no perder la compostura.

Se tomó un momento para serenarse y terminó la llamada con una nota relativamente positiva. Sin embargo, recuerda haber pensado que hacerse amonestar por su cliente a causa de su prolijidad no era la forma ideal de ganárselo en vísperas de una misión de gran envergadura.

Una vez concluida la llamada, envió a todos los participantes un correo electrónico con un resumen muy breve de las siguientes etapas y, en lugar de los tradicionales «Gracias» o «Saludos», se despidió con un «Con brevedad futura, Sonal».

Sonal no esperaba que nadie reconociera este guiño. Pero, para su sorpresa, recibió respuestas de otros tres miembros del equipo del cliente que habían participado en la llamada y habían apreciado claramente la broma. Uno de ellos escribió: «¡Ja! Brevedad futura…, genial. Otro respondió: «Excelente recapitulación, Sonal…, definitivamente breve y nada larga :)». Y un tercero dijo: «Me encantó la breve actualización».

Cuando Sonal conoció al CEO en persona la mañana de la reunión, este le estrechó la mano calurosamente y le dedicó una sonrisa cómplice. Más tarde, Sonal se maravilló de ese pequeño gesto que había disipado la tensión entre ellos y había permitido establecer una buena relación después de un comienzo algo difícil.

Con humor entra mejor

David Hornik, socio general de la empresa de capital riesgo August Capital, utiliza el humor como herramienta para rebajar la tensión cuando transmite comentarios duros pero necesarios a su equipo y a los empresarios a los que asesora.

David recuerda una reunión de la junta directiva en la que un responsable de *marketing* describió los progresos realizados para reducir el costo de captación de clientes. A primera vista, las cifras eran convincentes: el costo de captación de clientes había bajado un 30% ese mes. Sin embargo, al examinarlo más de cerca, Hornik se dio cuenta de que el precio tendría que bajar otro 3 000% para que el costo de captación fuera viable. Hornik no podía dejar que este hecho pasara desapercibido, pero, en vez de avergonzar al director de *marketing* o ponerlo a la defensiva señalando las cifras poco halagüeñas, se limitó a decir con una sonrisa: «Magnífico, ahora centuplíquelo y estaremos en el buen camino». Todos los presentes lo entendieron y se rieron al unísono, el director de *marketing* incluido.

Por supuesto, no siempre es mejor restarles importancia a las cosas que resultan incómodas (como veremos más adelante), pero, según Hornik, el humor «atenúa el golpe» de los comentarios duros cuando se hace con cabeza. Mientras que las críticas negativas pueden poner al receptor a la defensiva o volverlo más reticente, «las bromas meditadas», dice Hornik, pueden «transmitir el mismo mensaje sin hacerlo sentir tan mal».

O, en palabras de Mary Poppins, la gurú original del arte de vivir: «Una cucharada de azúcar ayuda a pasar la medicina».

Despedirnos

¿Qué es lo que nos incomoda tanto cuando tenemos que despedirnos? Nos vamos de las fiestas a la francesa, evitamos hablar de la muerte (el gran adiós) y a menudo preferimos hacerle *ghosting* a alguien que vemos (traducción para los que no son *millennials*: desaparecer poco a poco como el *slow fade*, o desvanecimiento) antes que reconocer que la chispa se está apagando.

Con el trabajo pasa otro tanto. Pero la forma de despedirte cuando dejas un trabajo causa una impresión duradera. Un principio psicológico conocido como la **«regla del pico y el final»**[7] explica que los momentos de una experiencia que la gente retiene en su memoria son los de mayor emoción y el último de todos. Esto significa que, cuando te hayas ido (del trabajo, claro está), lo más probable es que la gente recuerde dos cosas fundamentales: ese gran proyecto apasionante en el que trabajaste y la manera que has tenido de despedirte.

La mayoría de las notas de despedida sigue una fórmula similar:

> Hoy es mi último día en ____. En los últimos ____ años, tuve el placer y el privilegio de trabajar con muchos de ustedes. Disfruté mucho trabajando en ____ con personas muy amables y talentosas y me siento muy agradecida por todo lo que aprendí. Espero que nuestros caminos vuelvan a cruzarse.

Bostezo.

Si estuviste trabajando con estas personas en cualquier puesto (lo que suponemos hiciste, a menos que trabajes a distancia y no tengas acceso a un servicio de telefonía móvil o a internet), sabemos que tienes algo más personal que decirles a tus compañeros de trabajo que «espero que nuestros caminos vuelvan a cruzarse».

Entre el sinnúmero de horas pasadas en videoconferencias, la cantidad de viajes incómodos en ascensor y las conversaciones improvisadas mientras la impresora se desatasca, deberías tener material de sobra para buscar un guiño o una referencia a alguna peculiaridad única de la cultura de tu empresa. Una nota de despedida puede ser sincera y sentida sin dejar de hacer sonreír a la gente, como la de este relajado correo electrónico de una becaria que acaba de dejar su puesto en una editorial importante:

Hola a todos:

Como todo el mundo probablemente ya habrá oído mientras nos comíamos las donas esta mañana, hoy es mi último día. Este verano fue un auténtico torbellino para mí; yo tenía experiencia como conductora de lancha de esquí y cuidadora de gatos, pero esta ha sido la misión más importante de mi vida. Les agradezco de todo corazón que me aceptaran, me involucraran en sus proyectos y respondieran a todas mis preguntas, ¡por muy molestas que fueran! Gracias por prestarme sus extrañas contraseñas, por dejarme asistir a sus reuniones y por hacer que me sintiera incluida cada día. (Y gracias por las donas). Valoro todo esto, y a cada uno de ustedes. Dentro de una hora tendré que entregar mi placa y volver a casa para hacer las maletas, pero espero que pasen por mi cubículo antes de irme; dejé ciertas cosas y algunas son comestibles.

Con gratitud,

KATE

Todos podemos hacer que los finales sean un poco menos dolorosos, y dejar una impresión positiva duradera si abordamos las despedidas con levedad y humanidad.

CONVENCER A OTROS

Si bien son numerosas las situaciones de trabajo en las que hay mucho en juego, hay una que puede ser especialmente crucial: «la petición», ese momento en el que quieres (o necesitas) algo de alguien y tienes que convencerlo para que te lo conceda. A veces, el humor puede ser justo lo que necesitas para reforzar tu poder de persuasión y conseguir lo que buscas.

Poner el pie en la puerta

Es el caso de Sara Blakely, fundadora y CEO de Spanx, un fabricante de ropa interior muy popular. En los inicios de Spanx, Sara se enfrentó a un reto considerable: conseguir que importantes minoristas vendieran su producto en sus tiendas. Reconoce que no fue pan comido. Spanx era un producto nuevo de una marca desconocida que entraba en un mercado saturado. Ah, y la falta de ortografía más común al escribir el nombre de la marca (*spank*, «azote») redirigía a una web de pornografía.

Con fondos limitados y contactos incluso más limitados, Sara no tuvo más remedio que levantar el teléfono y recurrir a la captación directa. Sara recorrió toda la lista —Neiman Marcus, Nordstrom, Saks Fifth Avenue, Bloomingdale's, QVC—, pero nadie le devolvía las llamadas. Estaba convencida de que le bastaban cinco minutos al teléfono con un comprador para venderle el producto. Pero era más fácil decirlo que hacerlo.

En un momento de inspiración compró unos cuantos pares de zapatos, fue a Correos y envió a cada tienda una caja con un solo zapato de tacón alto y un mensaje escrito a mano que decía: «Solo intento poner el pie en la puerta. ¿Me concede unos minutos de su tiempo?», seguido de su número de teléfono.

Funcionó. Al comprador de Neiman Marcus le hizo tanta gracia la broma que la llamó. El acuerdo subsiguiente que cerraron le dio a Sara una legitimidad que le permitió entablar relaciones con otros grandes minoristas. Al cabo de un año, Blakely tenía cuentas en todas las tiendas de su lista inicial, y más.

Ponerle nombre al elefante

A lo largo de una carrera de varias décadas que cubre los primeros tiempos de Silicon Valley, Apple, el capital riesgo y numerosas juntas directivas, Heidi Roizen ha sido con frecuencia la única mujer en una sala repleta de hombres. Al principio de su mandato en la junta directiva de una empresa tecnológica pública, Roizen se encontró con un problema delicado durante las reuniones: cada vez que un grupo volvía de un descanso, comprendía que sus compañeros habían continuado las conversaciones —e incluso habían tomado decisiones— en el baño de hombres.

Como ella misma describe su dilema, Roizen quería poner de manifiesto las dinámicas de género en juego y conseguir que los hombres dejaran de seguir las conversaciones en el (maldito) baño. Un buen día, mientras la junta salía de la sala de reuniones para hacer un descanso, les dijo simplemente: «Si siguen esta conversación en el baño de hombres… entraré».

Su planteamiento fue sencillo, relajado, desarmante y coronado de éxito. Roizen dice que la frase provocó risas y que sus compañeros hicieron el cambio que ella deseaba. Consiguió transmitir su mensaje de manera indirecta y sin señalar con el dedo, arrojando luz sobre el problema sin obligar a sus compañeros a mirar directamente al sol.

Pedir (y pedir otra vez)

Pedir es difícil. Pedir y obtener un sí es todavía más difícil. Si quieres algo de alguien, ya sea el espacio de exposición que necesitas para lanzar tu producto, ya un contacto valioso o una pequeña pausa para ir al baño, tienes muchas probabilidades de que tu petición no sea la única en la bandeja de entrada metafórica de esa persona.

Seguramente ya has oído el consejo según el cual, cuando haces una petición, más vale ofrecer algo de valor: conocimientos, una cesta de fruta bonita, tu rana mascota,* lo que sea. Lo creas o no, reírte puede ser justo lo que necesitas.

Normalmente no pensamos que la risa sea algo que podamos dar, pero lo es. Las personas —especialmente las poderosas— suelen reaccionar a las «peticiones» cerrándose en banda, como un mecanismo de defensa para protegerse a sí mismas y su tiempo. Pero regalarles una carcajada —o incluso una simple sonrisa— les abre de un modo que la papaya de Belice no podría.

(*) Si reconoces esta alusión trascendental al estudio de las negociaciones del capítulo 2, estamos orgullosas de ti.

Este principio es igual de válido cuando ya hiciste la petición y llegó la hora de insistir un poquito. De seguro alguna vez has experimentado esa ligera sensación de desprecio hacia ti mismo que surge cuando envías correos que empiezan con frases del tipo «Hola, solo quería hacer un seguimiento de…», «Buenos días, solo quería comprobar el estado de…» o «Perdona que te moleste, pero…». Esto puede ser doloroso para ambas partes. Pero no tiene por qué.

Hace un tiempo, Rebecca, una de nuestras entrevistadas, fue víctima de *ghosting*. No en el contexto de una aplicación de citas, sino en un contexto más problemático desde el punto de vista financiero. Hacía poco que había hecho un trabajo como trabajadora independiente para una antigua compañera, y llevaba meses sin cobrar la factura. Así que envió un recordatorio, al que no contestó ni Perry. Ella insistió amablemente por correo electrónico y por mensaje de texto. No hubo respuesta. Pasaron semanas y volvió a insistir. Sin suerte.

Después de meses sin saber nada de su antigua colega, le envió un mensaje con una sola imagen:

Hola desde el otro lado. / Debo de haber maullado mil veces.

Ahí donde las múltiples y sinceras súplicas habían fracasado, un simpático gato (desesperado) y la letra de una canción de Adele la sacaron del apuro. La mujer respondió en cuestión de minutos y, unas semanas más tarde, el dinero estaba en la cuenta de Rebecca.

La lección es evidente: un empujoncito divertido o ligero suele arrancar una respuesta más rápida que uno cortés y soso. No es necesario que el mensaje sea hilarante, brillante o relacionado con los gatos,* simplemente hay que dejar que la levedad haga el trabajo.

Cambiar mentalidades y liberar la creatividad en los equipos

Ahora que ya abordamos el tema de comunicarse con levedad y cómo superar los momentos difíciles, es hora de ver cómo la levedad, cuando se utiliza estratégicamente, puede contribuir a transformar las mentalidades para desbloquear el trabajo creativo y productivo de los equipos.

ROMPER EL HIELO

Cuando acudimos a un taller, una reunión o cualquier otro encuentro en el que hay que trabajar intensamente, muchas veces entramos distraídos en la sala. Vamos

---

(*) Aunque si decides lanzarles un gato a tus problemas, caerá encima de ellos sobre sus cuatro patas.

pensando en quién podrá dejar a nuestros hijos en la escuela a la mañana siguiente. Nos preocupamos por un ser querido que está enfermo. Pensamos en que nos traerán la compra a las cinco en punto; para entonces ya estaremos en casa, ¿no?

Por eso es vital que los primeros instantes de nuestras reuniones despejen estas distracciones: nuestra forma de empezar puede tener una influencia enorme en la dinámica del grupo durante el resto del tiempo que pasemos trabajando juntos. Empezar una sesión de trabajo con levedad es una forma poderosa de establecer un estado de ánimo positivo, romper con los hábitos y esquemas mentales establecidos (al menos temporalmente) y garantizar que todo el mundo esté preparado para dar lo mejor de sí mismo.

Ahora bien, cuando hablamos de empezar una sesión de trabajo en grupo con humor, lo más probable es que tu mente vaya directamente a un lugar: el temido rompehielos. Si has pasado algún tiempo en el mundo empresarial, lo más seguro es que te hayas sometido a muchos de estos ejercicios: el nudo humano, dos verdades y una mentira, «si fueras una fruta, ¿qué serías?». Pero romper el hielo no tiene por qué ser fastidioso, cursi o crispante. Y tampoco es la única forma en que la levedad ayuda a preparar a la gente para hacer un buen trabajo.

En general, los expertos en levedad con los que hablamos utilizaron tácticas que se dividen en tres categorías principales: el rompehielos tradicional (con precauciones), el marcador de tono y el avance (*cold open*).

Para ilustrar los dos primeros ejemplos, viajemos a una sala de conferencias en Napa, donde uno de los Dos Stephens está trabajando duro...

El rompehielos

Una calurosa mañana de agosto en Napa, la estrella de la NBA Stephen Curry convocó una reunión externa para su nueva aventura comercial, SC30 Inc. Era una empresa que él y su buen amigo, compañero de universidad y socio de negocios Bryant Barr habían creado para expandir la marca de Curry fuera de la cancha y en los ámbitos de las asociaciones de marca, los medios de comunicación, la inversión y la filantropía.

Los representantes de más de veinte socios estratégicos de SC30 entraron en una sala de conferencias soleada y luminosa, sin saber muy bien qué iban a hacer. La idea de Curry era sencilla pero revolucionaria: en lugar de reunirse con cada uno de sus nuevos socios por separado, los reuniría a todos en un mismo lugar para identificar las posibilidades de colaboración en el conjunto del ecosistema de SC30. Entre los participantes había líderes de grandes empresas mundiales (Rakuten, Callaway, Under Armour), fundadores de empresas en las que SC30 había invertido, el consejo personal de asesores de Curry y un reducido número de familiares y amigos de confianza.

El nerviosismo se palpaba en la sala mientras esperaban la aparición de Curry. Todos querían causar buena impresión a los demás y, sobre todo, al legendario líder que los había reunido.

Por suerte, Bryant Barr, presidente de SC30, había previsto algo para relajar el ambiente: un rompehielos que era personal, relevante para el trabajo que iban a realizar y, por supuesto, concebido para crear momentos de risa compartida.

Barr pidió a todos los asistentes que eligieran pareja y les hizo una serie de preguntas que iban desde «¿En qué momento de tu vida te infravaloraron?» hasta «¿Cuál es tu mejor consejo en materia de relaciones o matrimonio?».* Mientras Barr leía las preguntas en voz alta, cada dúo disponía de sesenta segundos para responder antes de cambiar de pareja al sonido de una campana.

Fue animado, caótico e inesperado, y en poco tiempo la sala se llenó de conversaciones y risas enérgicas. Cuando el rompehielos tocó a su fin, todos se sentían mucho más cómodos entre sí y listos para empezar a trabajar.

El rompehielos tradicional tiene una inmerecida mala reputación —y es cierto que algunos pueden ser un poco frívolos—, pero cuando se concibe reflexivamente, sirve de lubricante social y hace aflorar la vulnerabilidad, la honestidad y la intimidad. Los mejores ejercicios para romper el hielo ofrecen este equilibrio buscado entre gravedad y levedad, provocando risas al mismo tiempo que centran a la gente en los objetivos importantes del día.

(*) Un apunte que le pasó a Naomi su amigo y antiguo compañero Saagar Thakkar, que lo utiliza en sus sesiones de innovación. Si buscas consejos en materia de relaciones, Saagar es una mina.

Pero, a pesar de lo que indica su nombre, los rompehielos no son la única forma de romper el hielo. Los buenos líderes saben cómo preparar a los suyos con acciones y gestos sencillos que dan el tono que buscan.

El marcador de tono

Stephen Curry sabía lo importante que era dar con el tono adecuado aquel día en Napa. Puede que los participantes estuvieran más relajados que a su llegada, pero se pusieron rígidos en la silla cuando Curry se dirigió a la parte delantera de la sala. Los presentes se habían vuelto más comunicativos entre ellos, pero seguían sin saber muy bien cómo comportarse en su presencia.

Cuando pronunció el tipo de discurso de apertura sincero y cortés que cabría esperar para dar comienzo a un acontecimiento de esta índole, el público asentía con la cabeza y esbozaba medias sonrisas a intervalos apropiados…, pero un débil zumbido de energía nerviosa seguía impregnando la sala. Al parecer, Curry también lo notó. Por eso, tras concluir su intervención, en lugar de retirarse al fondo de la sala, anunció: «Me gustaría concluir con mi imitación favorita de Steve Ballmer».*

La gente miraba a su alrededor, confusa.

Sin perder un segundo, Curry bramó, con el pecho henchido: «¿¡¿¡¿QUIÉN ESTÁ EMOCIONADO DE ES-

(*) Si no entiendes esta referencia, párate un momento. Busca en Google «Steve Ballmer enloquecido en el escenario». Mira el video del antiguo CEO de Microsoft. Vuelve al libro.

TAR AQUÍ?!?!? ¡¡¡¡¡¡YO ESTOY EMOCIONADO!!!!!! ¡YO ESTOY EMOCIONADO DE ESTAR AQUÍ! ¡¡SI NO ES-TÁS EMOCIONADO, ES CULPA TUYA!! ¡¡¿¿QUIÉN ESTA EMOCIONADO??!!».

Así por las buenas, el tono de la reunión cambió por completo. Todos los presentes se echaron a reír, con la boca abierta y la mirada incrédula. Luego se relajaron en sus sillas, y sus sonrisas educadas de labios cerrados se transformaron en auténticas muecas. Al abandonar la fachada formal y entregarse por completo a la estulticia, Curry aumentó la energía de la sala y, con ella, el potencial de lo que el grupo podía lograr. Dejó claro como el agua que se trataba de un espacio donde nadie debía to-marse demasiado en serio a sí mismo, aunque estuvie-ran allí para cumplir un trabajo serio.

Como demostró Curry, romper el hielo no siempre consiste en una actividad formalmente estructurada; a veces basta con enviar las señales adecuadas. Los seres humanos somos criaturas sociales; tenemos tendencia a mirarnos en el individuo de mayor estatus de nuestro entorno, y eso implica que los líderes pueden mantener la ligereza de las cosas y crear las condiciones necesarias para un buen trabajo transitando este camino.

El avance

Hay una tercera forma de marcar el tono con levedad: una forma avanzada de romper el hielo conocida como *cold open*, o avance. El avance llama la atención, es memorable y suele ser la herramienta favorita de los animadores profesionales.

Uno de esos profesionales es Chris Ertel, científico social, diseñador de conversaciones estratégicas (título que inventó para su trabajo) y coautor junto con Lisa Kay Solomon del libro *Moments of Impact*. Uno de los avances favoritos de Ertel se llama Backwards Bicycle («la bicicleta al revés») y lo concibió inspirándose en el video viral del ingeniero Destin Sandlin.

La bicicleta al revés es una que funciona como una bicicleta normal, salvo que, cuando giras el manubrio a la derecha, la rueda gira a la izquierda y, cuando giras el manubrio a la izquierda, la rueda gira a la derecha. Se podría creer que aprender a andar este artilugio será pan comido, ya que todo el mundo sabe montar en bicicleta.

No lo es. Veamos cómo funciona el avance: los participantes se reúnen al principio de la sesión, donde hay una bicicleta al revés en la parte frontal de la sala. Ertel tiende un casco y reta a una voluntaria a conducir la bicicleta de un extremo a otro del escenario. Inevitablemente, el voluntario lo intenta y fracasa. Cuando se calman las risas, Ertel interrumpe el ejercicio. «Debe de haber una laguna de conocimientos —explica—. No pueden andar en bici porque no les di la información necesaria». A continuación, explica con más detalle cómo funciona la bicicleta. La voluntaria asiente, confiada, dispuesta a intentarlo de nuevo. ¡Lo entendió!

Pero la verdad es que no lo ha entendido. Se llama a un nuevo voluntario y, claro, no lo hace mejor que la primera.

Ertel interrumpe otra vez el ejercicio y finge confusión: «Tiene toda la información necesaria: sabe cómo utilizar la bicicleta de esta nueva forma. ¡Entonces tiene que tratarse de un problema de motivación! No lo incentivé lo suficiente». Acto seguido, Ertel se mete la mano en el bolsillo y saca doscientos dólares en billetes de veinte. Los ojos se abren como platos. «¿Quién quiere intentarlo ahora?».

Uno tras otro, hombres y mujeres adultos se suben a una bicicleta y se tambalean en el escenario, algunos incluso se caen. Están tan decididos que intentan todo tipo de técnicas. Hay quien incluso intenta hacer trampas. Mientras tanto, la sala se llena de risas.

Esta situación puede parecer una especie de novatada sádica, pero, en realidad, la bicicleta al revés está diseñada para esclarecer un principio fundamental para la misión encomendada a este grupo. Demuestra, sencillamente, que el cambio es difícil, aunque sepamos *cómo* tenemos que cambiar y aunque estemos *motivados* para hacerlo.

En su informe, Ertel recoge con cuidado las reflexiones del grupo para hilvanar la historia que sabe que contarán. Las pautas de pensamiento, comportamiento y proceso profundamente arraigadas subyacen al reto del día, y este grupo no puede esperar que su cabalgada triunfal hacia el ocaso se produzca sin un compromiso sostenido y sin contratiempos. El mensaje es el siguiente: el trabajo empieza hoy, pero se extiende mucho más allá. Esta metáfora fundamenta y contextualiza el trabajo del día, al mismo tiempo que arranca risas en el camino.

ESTIMULAR IDEAS CREATIVAS

Antes de despedirnos de ti, lector, sería una lástima no hablar de los poderosos efectos de la levedad cuando la tarea que tenemos entre manos es aportar nuevas ideas.

El humor fomenta una suerte de gimnasia mental que revela vínculos, esquemas e interpretaciones que se nos habían escapado. Amplía nuestra perspectiva, nos hace sentir psicológicamente seguros y crea un terreno fértil para el desarrollo de la creatividad. En las sabias palabras del dalái lama: «La risa es buena para pensar porque, cuando la gente ríe, le resulta más fácil aceptar nuevas ideas».

Para comprender exactamente cómo se puede aprovechar la levedad para estimular la creatividad en la práctica, veamos algunos ejemplos favoritos de nuestros entrevistados. Ilustran dos perspectivas diferentes para integrar la levedad en el proceso de la lluvia de ideas, primero de forma indirecta y luego directa.

La lluvia de ideas negativas

Astro Teller es el informático, emprendedor y pionero de la inteligencia artificial que dirige X, el centro de investigación y desarrollo antes conocido como Google X y con frecuencia llamado Moonshot Factory. La organización de Teller es un grupo diverso de inventores y emprendedores que crean nuevas tecnologías destinadas a mejorar la vida de millones, si no miles de millones, de personas.

Su misión es abordar los problemas más irresolubles del mundo, con la rapidez y la ambición de una *start-up*. En resumen: crean nuevas tecnologías radicales para resolver algunos de los problemas más difíciles del mundo.

Por ello, un proceso sólido e hiperproductivo para desbloquear ideas audaces y novedosas es crucial para el éxito de la organización. Uno de los planteamientos más eficaces que Teller ha encontrado suena bastante improbable: los reta a tener *malas ideas*.

Teller explica: «Si digo: "busquen buenas ideas", la gente pensará: "Ay, dios mío, todo lo que diga tiene que ser una buena idea"». Según él, utilizar la palabra *buena* limita la forma de pensar de su equipo. Pero si pide específicamente «las ideas más tontas y estúpidas», las personas suelen aportar soluciones más locas y, con frecuencia, mejores. Estas sesiones de lluvia de ideas están llenas de ideas ridículas y risas estridentes, pero también producen resultados brillantes.

Solo si nos liberamos de la presión de ser «normales» o serios, explica Teller, estaremos en disposición de liberar nuestro yo más creativo. Según él, hay «una voz en tu cabeza que te dice "no digas estupideces"», pero cuando tu cerebro censura tus pensamientos más estúpidos, también está censurando los más brillantes. «No hay ideas geniales que no parezcan una locura al principio».

Pruébalo tú mismo organizando una «lluvia de ideas malas». En lugar de contentarte con asegurarle a tu equipo que «no hay ideas malas», pídeles expresamente las ideas más tontas, locas y malas que se les ocurran, las que piensen que no tienen ninguna posibilidad de funcionar. En el proceso, cambiarás la energía de la sala, harás a un lado las ortodoxias, te reirás un buen rato y hasta puede que encuentres algunas soluciones inesperadamente brillantes.

Pitch y los profesionales

En 2017 un minorista internacional se enfrentaba a una crisis existencial en su negocio: la creciente competencia de los canales *online* se traducía en una rápida disminución de la afluencia de clientes en sus tiendas.* El negocio ya no funcionaba como antes y necesitan ideas nuevas, y rapidito. Así que el equipo de estrategia de su agencia creativa recurrió a un socio inesperado: Matt Klinman.

Klinman es el antiguo redactor jefe de los videos *The Onion* y CEO de Pitch, una aplicación para escribir comedias que empezó en el estudio *Funny or Die*. Pitch es como una sala gigantesca de guionistas en Internet, donde miles de autores de comedia se reúnen para perfeccionar su oficio, vender algunos chistes y, como dice Klinman, «ayudarse mutuamente».

De seguro has leído muchos de los textos que sus cómicos han escrito para las distintas marcas con las que trabajan, desde tuits a textos de *marketing* o anuncios de televisión.**

(*) Lo que dio un nuevo (y negativo) significado a la expresión «reduce tu huella».

(**) Y luego están los temas que los escritores se lanzan unos a otros por diversión, como «Cosas extrañamente específicas que te hacen sen-

Hace unos años, Klinman constató que muchos de sus clientes deseaban utilizar Pitch para una razón completamente distinta: descubrir valiosas informaciones sobre sus productos, su público y sus mensajes. Porque, como sabemos, cada chiste esconde una verdad intrínseca sobre la vida cotidiana, y los comediantes se cuentan entre los mayores expertos del mundo en la búsqueda de esas verdades.

Así que cuando los estrategas de la agencia abordaron a Klinman para plantearle el reto que los ocupaba (*¿Cómo deben competir las tiendas con el comercio electrónico?*), lo primero que hizo Klinman fue convertirlo en la premisa de un chiste: *Razones por las que es mejor ir a la tienda que comprar por internet.* Lo publicó en Pitch y cientos de redactores se pusieron manos a la obra de inmediato.

Pronto llegaron los chistes a raudales, desde «Amazon nunca te deja quedarte con el gancho» hasta «No tenemos una pizzería Sbarro en casa» o «Porque mi propósito de Año Nuevo era conocer gente nueva». En pocas horas, Klinman y los estrategas de la agencia habían generado cientos de chistes clasificados en función de lo graciosos que eran.

Pero cada una de estas bromas ocultaba una verdadera perspicacia. «Amazon nunca te deja quedarte con el gancho» nos recuerda que los pequeños extras dan mucho de sí. «No tenemos una pizzería Sbarro en casa»

---

tirte inseguro». Entre las respuestas a este tema tenemos: «Mi gato solo le maúlla a mi novio», «Nunca consigo darle la vuelta a una tortilla a la primera» y «Mis orejas son demasiado pequeñas para sostener un cigarro». ¿Acabas de mirarte las orejas? Nosotras también lo hicimos.

nos recuerda que a la gente le encanta ir de compras y a los glotones les encanta la comida, algo que no pueden conseguir instantáneamente por internet. Y «Porque mi propósito de Año Nuevo era conocer gente nueva» nos recuerda que las compras por internet son una actividad solitaria, y que existe un verdadero deseo de conexión en persona en un mundo cada vez más desconectado.

Los socios de la agencia de Klinman aprovecharon los chistes para obtener estas percepciones reales. El proceso de generar chistes, y no simplemente ideas o soluciones, inspiró una nueva estrategia creativa de experiencia del cliente en la tienda que incluía elementos sacados directamente de los chistes, como reconfigurar el diseño de la tienda para fomentar más las interrelaciones humanas, cara a cara.

Nada te impide hacerlo tú mismo, con tu propio equipo. ¿Quieres que fluya la creatividad? Crea una pregunta de desafío (como hicieron los estrategas de la agencia), conviértela en la premisa de un chiste (como hizo Klinman) y pide a los miembros del equipo que formulen sus ocurrencias en notas adhesivas. Recoge las notas y colócalas en el pizarrón de forma anónima. A continuación, disfruta del contenido y empieza a hacer grupos por temas del mundo real. (Sugerencia: anímalos a leer antes el capítulo 3 para que desarrollen sus superpoderes cómicos. Recomendamos esto por los resultados, no solo por las ventas del libro).

Y, si quieres estimular en serio el pensamiento creativo de tu equipo, considera seriamente la posibilidad de contratar a comediantes profesionales.

Los comediantes tienen un talento único para encontrar las verdades matizadas que se esconden en los recovecos de la vida; es lo que hacen todos los días. (Y si no conoces a ningún comediante, no dudes en preguntarnos a nosotras; ¡conocemos a un buen número!).

* * *

Tanto si estás procurando cambiar el chip de tu equipo como si solo quieres escribir una biografía mejor para LinkedIn, la levedad y el humor son herramientas esenciales para forjar vínculos más humanos y mejorar el rendimiento, estrechar lazos en los buenos momentos y fomentar la resiliencia en los malos. Aunque no todas las situaciones son propicias para la risa, esperamos haberte proporcionado una retahíla de maneras de sazonar tu jornada laboral con un poco más de alegría.

CAPÍTULO 5
LIDERA CON HUMOR

Si estás liderando y nadie te sigue, solo estás dando un paseo.

JOHN MAXWELL

Una fresca tarde de otoño de 2009, Leslie Blodgett, fundadora y CEO de bareMinerals, se sentó en su cocina con un cuaderno, una taza de Earl Grey y una idea. Apuntó unas notas improvisadas y dio otro sorbo.

La empresa de Leslie era pionera en el sector del maquillaje mineral y los productos para el cuidado de la piel, y había despegado a lo grande, sobre todo gracias al *marketing* boca a boca de clientas satisfechas. Pero el negocio se había ralentizado en medio de una de las peores recesiones económicas de la historia de Estados Unidos y, en palabras de Blodgett, «quería ayudar a las mujeres a sentirse guapas aun cuando la economía se había puesto fea».

De modo que decidió publicar un anuncio a toda página en *The New York Times*. Ahora bien, la mayoría de los CEO que publican un texto tan costoso y destacado habrían recurrido a un equipo de redactores, habrían consultado a un estratega de marca o habrían subcontratado a un servicio de relaciones públicas.

Pero Blodgett, no.

Las notas que escribió aquella tarde le salieron del corazón. Estaban impregnadas de autenticidad, vulnerabilidad y, sí, levedad. Después de varios vaivenes con un diseñador gráfico, lo envió al *Times*:

The advertising experts tell us that people don't read lots of copy.

I really hope not because this cost a fortune.

MAYBE YOU'VE HEARD OF US. IF YOU HAVE, IT'S MOST LIKELY BECAUSE SOMEONE TOLD YOU ABOUT US. We aren't the type to swing from chandeliers to get noticed (although we do have a fondness for chandeliers—they appear in every one of our boutiques). You also won't find us hiring celebrities to speak for us. Don't get us wrong, we love famous people, but we just don't feel we need to pay them to talk about our products.

Back to the reason for this letter. WE ARE THE PEOPLE BEHIND bareMinerals, THE GREATEST MAKEUP ON THE PLANET. WOMEN OFTEN TELL US THAT OUR PRODUCTS HAVE CHANGED THEIR LIVES. We love hearing this and believe it based on all the awesome emails we receive.

WE ARE PRETTY MUCH EXPERTS ON THE SUBJECT OF SKIN. OUR FOUNDATION IS THE MOST POPULAR PRODUCT OF THEM ALL. IT HAS WON A GAZILLION AWARDS, AND MILLIONS OF WOMEN USE IT. We're really proud of our products and how they perform. If you want a foundation that gives you stunning skin and *feels* like your bare skin— bareMinerals is for you.

We do love our products, but we love our customers more. This note is also a big thank you to all the women that believe in us. It's all about keeping it real, sharing stories and meeting with women one-on-one at our boutiques, Sephora, Ulta, and some department stores. We think if you try bareMinerals for yourself, you will be amazed at how really incredible it is. If you don't believe us, ask someone you know. In fact, we've found that many dental hygienists use our products. Next time you're getting your teeth cleaned, just ask her.

Anyway, we just wanted to tell you that we're here, WE HAVE THE BEST PRODUCTS FOR YOUR SKIN, and we really care about making women happy. Thanks for reading this long thing. My husband was convinced you wouldn't read this far (and he's not even an ad exec).

And if you're ever in San Francisco, maybe we can chat over a cup of coffee. I'm not kidding. Call our main office line at 415-489-5000. Generally Hilda answers the phone.

Lots of Love,

Leslie
XOX

Leslie Blodgett
CEO OF BARE ESCENTUALS

Los expertos en publicidad nos dicen que la gente no lee muchos artículos. Espero realmente que no sea el caso porque esto cuesta una fortuna.

Quizá hayas oído hablar de nosotras. Si es así, lo más probable es que sea porque alguien te ha hablado de nosotras. No somos de las que se columpian en candelabros para llamar la atención (aunque sintamos predilección por los candelabros: están en todas nuestras tiendas). Tampoco contratamos a celebridades para que hablen en nuestro nombre. No nos malinterpretes, nos encanta la gente famosa, pero no pensamos que sea necesario pagarles para que hablen de nuestros productos.

Volvamos al motivo de esta carta. **Somos las personas que hay detrás de bareMinerals, el mejor maquillaje del mundo. Las mujeres suelen decirnos que nuestros productos les cambiaron la vida.** Nos encanta oírlo y lo creemos, teniendo en cuenta la cantidad de correos maravillosos que recibimos.

Somos expertas en lo relativo a la piel. **Nuestra base de maquillaje es el producto más popular de todos. Ganó millones de premios y millones de mujeres la utilizan.** Estamos muy orgullosas de nuestros productos y de su rendimiento. Si quieres una base de maquillaje que te proporcione una piel radiante y una sensación de desnudez en la piel, bareMinerals está hecho para ti.

Nos encantan nuestros productos, pero nos gustan más nuestras clientas. Esta nota es también un gran agradecimiento a todas las mujeres que creen en nosotras. Se trata de ser auténticas, compartir historias y conocer a las mujeres, una a una, en nuestras tiendas, en Sephora, Ulta y otros grandes almacenes. Creemos que, si pruebas bareMinerals por ti misma, te sorprenderá descubrir lo increíble que es. Si no nos crees, pregúntale a alguien que conozcas. De hecho, hemos descubierto que muchos higienistas dentales utilizan nuestros productos. La próxima vez que te hagan una limpieza dental, pregúntalo.

En cualquier caso, solo queríamos decirte que estamos aquí, que **tenemos los mejores productos para tu piel**, y que nos preocupa realmente hacer felices a las mujeres. Gracias por leer este texto tan largo. Mi marido estaba convencido de que no leerías hasta aquí (y ni siquiera es publicista).

Y si alguna vez pasas por San Francisco, quizá podamos charlar mientras nos tomamos una taza de café. No es broma. Llama a nuestra oficina central al 415-489-5000. Por lo general, Hilda es quien atiende al teléfono.

Con mucho amor,

Leslie XOX
Leslie Blodgett
CEO DE BARE ESCENTUALS

En una época difícil para el negocio, Leslie puso en primer plano el espíritu de la empresa, así como el suyo propio, y se acercó no solo a los clientes, sino también a los empleados. Como ella misma recuerda: «Fue un periodo económico difícil, lleno de inestabilidad y desconfianza. [El anuncio] redujo la tensión reinante. Era tan básico y tan poco profesional que resultaba entrañable y auténtico». Para ella, añadir algo de levedad a la mezcla no solo fue natural, sino también crucial. «En tiempos de inquietud, el humor se vuelve cada vez más raro —explica—. Por eso, cuando aparece, la gente no va caminando hacia él, sino corriendo».

O, si hay un número de teléfono, llaman.

En efecto, el número del anuncio llevaba directamente a Hilda, que se acomodó en el vestíbulo de la oficina, donde todo el que pasaba podía oír como tranquilizaba por teléfono a los incrédulos, asegurándoles que sí, que el número del anuncio era real, y que sí, podían concertar una cita con ella para tomar un café. Era un recordatorio diario de la autenticidad de la empresa y de la decisión comercial inesperada y, sin embargo, perfecta, que su fundadora había tomado. Su ingenio y calidez influyeron en la actitud de los clientes hacia bareMinerals, pero además su equipo notó un impacto considerable a nivel interno. Dice Blodgett: «Sí, vendimos más productos, pero medimos la eficacia de este anuncio por la camaradería. Fue un ejemplo vivo y muy público de nuestros valores. Y el compañerismo que sentimos nos hizo más fuertes».

* * *

Hay muchos libros bastante mejores y extensos que este sobre cómo dirigir una empresa. Este capítulo explica cómo hacerlo con humor, acogiéndose a las herramientas exploradas en los capítulos anteriores y mostrando cómo se hicieron realidad para un pequeño grupo de líderes notables.

Lo que sigue no es tanto un manual como una serie de viñetas, que pueden resumirse, cada cual, en una premisa central: si canalizan su sentido del humor único, los líderes pueden unir, convencer, motivar e inspirar mejor y, en última instancia, ser un ejemplo que otros quieren seguir. Esperamos que te inspiren para hacer lo mismo.

En los líderes confiamos (o debemos confiar)

Antes de volver a la historia, es importante comprender la situación del liderazgo moderno y por qué ha llegado el momento de replantearnos nuestra forma de liderar.

Hace mucho mucho tiempo (es un capítulo de historias, insistimos), los líderes inspirados reinaban como una raza enrarecida que poseía una combinación única de inteligencia, valentía, carisma, superioridad moral y astuta determinación. Ernest Shackleton navegó a la deriva sobre placas de hielo durante meses para rescatar valientemente a su tripulación varada en el mar Antártico. Henry Ford reinventó el transporte e hizo asequible el automóvil para las familias de clase media de todo el país. Marco Polo recorrió las montañas de Asia e inspiró a generaciones de niños a aventurarse a ciegas en las piscinas.

Pero los días del líder mítico e infalible quedaron atrás.*

Tras varios sucesos estremecedores como el escándalo de Enron en 2001, la crisis de las hipotecas de alto riesgo en Estados Unidos en 2008, la catástrofe nuclear de Fukushima en 2011 y la revelación más reciente de que Boeing se apresuró a lanzar al mercado una actualización del 737 mal diseñada, con resultados desastrosos, nuestra confianza colectiva en los líderes se ha visto seriamente mermada, por no decir aniquilada.

Esta degradación de la confianza en los líderes también se ha implantado con firmeza en la mente de los empleados: según un estudio de la *Harvard Business Review* realizado en 2019, el 58% de los empleados confía más en un completo desconocido que en su propio jefe.[1]

Párate un momento. Vuelve a leer la frase.

¡Tus empleados confían más en un desconocido que en ti!

LO CONTRARIO AL PELIGRO DESCONOCIDO

EL 58% DE LOS EMPLEADOS
CONFÍAN MÁS EN UN
DESCONOCIDO QUE
EN SU JEFE

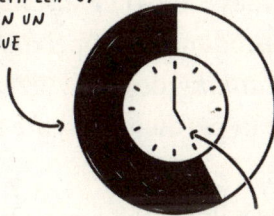

POR SUERTE SON LAS
CINCO EN ALGÚN LUGAR

(*) Excepto para Oprah. Ella va al frente y es perfecta.

Y lo que es peor, el 45% de los encuestados mencionó la falta de confianza en los líderes como el principal problema que afecta a su rendimiento laboral.[2]

Y ustedes (los líderes) parecen estar de acuerdo: el 55% de los CEO cree que esta crisis de confianza es una amenaza para el crecimiento de su organización.[3] Y se preocupan con razón. La falta de confianza repercute en la motivación y la productividad de sus empleados, en la probabilidad de que abandonen el barco para irse a otra empresa y a la cantidad de tiempo que ustedes (y todos los demás) se dedican a apagar incendios que podrían haberse evitado si sus empleados se hubieran sentido cómodos para hablar de cuestiones delicadas con ustedes (y no con alguien que han conocido en el autobús).

Los líderes empresariales de hoy empatan con los cargos electos como las personas menos dignas de confianza a ojos de los jóvenes de dieciocho a veintinueve años: según una encuesta del Pew Research Center de 2018, solo el 34% de estos jóvenes adultos confía en los líderes empresariales y políticos (que apenas logran resultados ligeramente superiores entre la población de treinta a cuarenta y nueve años).[4] Esta cifra es inferior al porcentaje de estadounidenses con perros (44%),[5] lo que significa que, en el *ranking* de confianza, los seres humanos poderosos están perdiendo frente a los lobos domesticados.

Son malas noticias, líderes.

Si esto te da ganas de apurar una botella de vino y ponerte a ver *Las chicas de oro* en tu próxima reunión exterior de liderazgo, puedes estar tranquilo: hay buenas noticias y tenemos un plan. Porque, aunque la confianza en el liderazgo está cayendo en picada, prosperan las organizaciones que consiguen mantener un entorno de confianza elevado.

Numerosos estudios establecen un vínculo entre las organizaciones donde reinan la confianza, la innovación y el rendimiento. Por ejemplo, el 2016 HOW Report* concluyó que los empleados que trabajan en un entorno de alta confianza son 32 veces más susceptibles de correr riesgos que podrían beneficiar a la empresa, 11 veces más susceptibles de alcanzar niveles de innovación más elevados en comparación con sus rivales y 6 veces más susceptibles de alcanzar niveles de rendimiento más elevados en comparación con otras empresas de su sector industrial.[6]

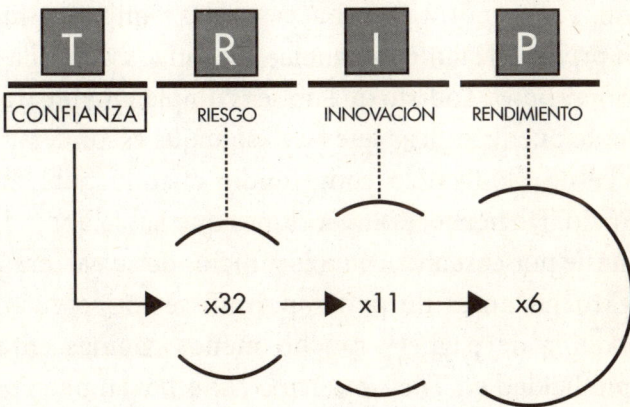

(*) El 2016 HOW Report analizó las respuestas de 16 000 empleados de 17 países en las principales industrias y profesiones y fue validado de forma independiente por el Center for Effective Organizations de la Universidad del Sur de California. Esto no es una nota al pie graciosa, pero es cierta.

Entonces ¿cómo pueden los líderes de hoy inspirar confianza a sus empleados? Una encuesta realizada en 2019 hizo esta pregunta a los empleados y las respuestas más frecuentes (como «conocer los obstáculos que el líder superó para triunfar» y «hablar como la gente normal») revelaron una historia coherente: los empleados de hoy anhelan tener líderes que sean menos misteriosamente brillantes y más auténticamente cercanos.[7] Ambiciosos, sí, pero no carentes de defectos.

En resumen, antaño los líderes eran venerados; ahora necesitan ser comprendidos.

En cierto sentido, esto refleja una tendencia más amplia en una sociedad obsesionada con las redes sociales. Nos hemos acostumbrado a las actualizaciones en tiempo real, tenemos sed de contenidos en bruto y sin filtrar, y nos encanta tener acceso a las bambalinas de la vida privada de famosos, atletas, ejecutivos y estrellas de la *Puppy Bowl*. Todo lo que no sea completamente transparente puede indicar que hay «algo que esconder».*

Leslie Blodgett lo comprendió cuando publicó su anuncio. De hecho, eran lecciones que había aprendido (aunque por casualidad) en los inicios de su carrera.

Mucho antes de poder permitirse un servicio de *marketing* de pago (y mucho menos páginas enteras de publicidad en *The New York Times*), y en una época en la que su marca no era lo bastante conocida para ser distribuida de manera tradicional, Leslie descubrió que la manera más barata de llegar a los consumidores era

---

(*) Película en rollo: *El inventor: en busca de sangre en Silicon Valley.*

aparecer en directo en el canal de televisión de compras a domicilio QVC.

Para Blodgett fue aterrador; no podía permitirse el lujo de hacer varias tomas o volver atrás cuando las cámaras estaban rodando. Pero, lo pretendiera o no (pista: no lo pretendía), la emisión en QVC le permitió revelar su auténtica personalidad, sin filtros, incluido su sentido del humor autoirónico y ligeramente poco ortodoxo.

Como cuando se quitó los zapatos en mitad de una emisión porque le dolían los pies. O cuando hizo pausas durante la venta de productos para educar a su hijo a través de la televisión («Trent, vete a la cama. Sé que me estás viendo. Apaga la tele y lávate los dientes. No bromeo, hijo, estoy esperando»). O cuando propuso a los cámaras que «pararan los primeros planos».

En una ocasión, Blodgett jugó con un aro de hula-hoop y tocó la armónica al mismo tiempo. Se puso la parte superior de un traje de baño encima del vestido para hablar del maquillaje de verano. Todo ello en vivo.

Una vez, en medio de una emisión, cuando Blodgett se dio cuenta de que se le había caído la hombrera hasta el codo, soltó una carcajada tan feroz que casi tuvieron que pasar a publicidad. La presentadora obligó a Blodgett a mirarla a los ojos para que dejara de reírse. Pero el productor le hizo señas para que desistiera: los teléfonos estaban saturados de llamadas con pedidos.

Al ver que las ventas de los productos bareMinerals despegaban, Blodgett comprendió que su autenticidad y levedad —con sus defectos, sus imperfecciones y todo lo demás— calaban hondo entre sus clientes y empleados.

Después de QVC, Blodgett no volvió a mirar atrás. Nos dijo: «Descubrí que la gente aprecia lo real. Cuando la gente puede elegir, ya sea dónde trabajar o qué productos comprar, quieren saber quién eres como persona y confiar en ti. El sentido del humor es fundamental en este proceso. Es difícil confiar en una persona o una empresa que se toma demasiado en serio a sí misma».

Todo el mundo quiere un jefe más agradable y más respetado; sin embargo, la falta percibida de estos rasgos en nuestros líderes está contribuyendo a una crisis de fidelización: un estudio de Gallup de 2018 reveló que casi el 50% de los estadounidenses había dejado su empleo para «alejarse de su jefe» en algún momento de su carrera.[8]

Cuando la rotación de personal ha aumentado un 88% en la última década,[9] con un costo de miles de millones para las empresas, el impacto del humor en la percepción y la fidelización de los empleados es un bálsamo oportuno para una crisis silenciosa que afecta a líderes y organizaciones del mundo entero.

Blodgett añade: «Además, ¿quién no quiere trabajar en un lugar que valora el humor, la risa y la autenticidad?».

La levedad en la diplomacia

Muchas de las anécdotas más convincentes y memorables que hemos recopilado en el marco de nuestra investigación sobre los líderes que aplican eficazmente la levedad tienen que ver con conversaciones cruciales en las que hay mucho en juego; esas interacciones delicadas en las que las tensiones (y el cortisol) son elevadas y los métodos tradicionales se han quedado cortos y dejan mucho que desear.

Corría el año 1998. La secretaria de Estado estadounidense, Madeleine Albright, se preparaba para la Cumbre de la ASEAN en Filipinas, una reunión bianual organizada por los miembros de la Asociación de Naciones del Sudeste Asiático donde participaban destacados líderes mundiales para tratar problemas mundiales y reforzar la cooperación entre naciones.

A la secretaria de Estado Albright no le entusiasmaba la idea de asistir, no solo porque la ASEAN había aceptado recientemente a Myanmar como miembro, lo que había suscitado controversia (una decisión a la que Estados Unidos se había opuesto firmemente debido a la severa represión ejercida por los militares de este país), sino también porque una de las tareas diplomáticas exigidas era… una parodia.

Sí, la secretaria de Estado iba a representar una parodia.

Como explicó uno de los compañeros de Albright en el Departamento de Estado, es tradición que, durante la cena de gala de la última noche de la cumbre, cada delegación presente algún tipo de espectáculo, normalmente en forma de parodia. En los últimos años, el ministro de Asuntos Exteriores surcoreano (y más tarde secretario general de Naciones Unidas), Ban Ki-moon, ha cantado canciones de ABBA vestido con una chamarra verde de lentejuelas, y el ministro ruso de Asuntos Exteriores,

Sergei Lavrov, se disfrazó de Darth Vader, el villano de *Star Wars*. Estos delegados no se andan con chiquitas.

Como explicó el compañero de Albright: «Estados Unidos siempre lo hace muy mal». Entonces (lo juramos, ocurrió de verdad) le entregó la letra de *Mary Had a Little Lamb* (María tenía un corderito).*

Ese año, los rusos también presentaban una parodia, pero según Albright, «la suya tampoco era muy buena». Su homólogo en el Gobierno ruso (que históricamente había apoyado más a Myanmar, cosa que recrudeció la tensión entre ambas delegaciones) era un hombre que se llamaba Yevgueni Primakov. Unos meses antes, durante su primera reunión, Primakov había intentado intimidar a Albright recordándole su antiguo papel como alto funcionario del KGB. Le dijo: «Teniendo en cuenta mis antecedentes, sabe que lo sé todo de usted, ¿verdad?». No fue el mejor comienzo. Pero, como ambas partes necesitaban refuerzos teatrales, Albright, Primakov y sus socios decidieron hacer algo inaudito en medio de esas reuniones de crucial importancia.

Cantarían a dúo.

Como recuerda Albright: «La noche anterior a esta cena fuimos todos a la *suite* General MacArthur, y los rusos trajeron mucho vodka y ensayamos». Hasta altas horas de la noche. Hasta que tuvieron algo que interpretar finalmente.

(*) En palabras de la secretaria de Estado Albright durante su visita a nuestra clase: «No imaginarán las cosas que un secretario de Estado se ve obligado a hacer».

El día siguiente fue largo y estuvo repleto de reuniones difíciles. «Nuestras delegaciones eran un desorden —recuerda Albright—. Y entonces salí cantando». Literalmente. Albright, la más alta dignataria en representación del país más poderoso del mundo, deleitó a la multitud de estadistas extranjeros con su interpretación de «Maria» de *West Side Story* en el marco de un dúo brillantemente concebido durante una actuación que llamaron *East West Story*. Unos instantes después, se le unió Primakov, que entonó «Madeleine Albright, Madeleine Albright, acabo de conocer a una chica que se llama Madeleine Albright».

Y así fue como, en palabras de Albright: «Algo que iba a ser un desastre terminó siendo muy divertido».

Por supuesto, no se trataba solo de divertirse (o de beber vodka). Albright había utilizado el humor como puente entre poderosas partes interesadas. Según ella, «en las negociaciones, uno está ahí porque tiene que tratar un asunto serio. De eso no hay duda. Pero tienes que conectar de algún modo como ser humano y aprender a conocer a la persona».

Albright contó que esta experiencia con Primakov —los ensayos nocturnos y las actuaciones tontas— lo cambió todo. Llegaron a conocerse bien y más tarde incluso compartieron comidas en restaurantes georgianos donde Primakov le hizo descubrir la cocina de su país. «Nos hicimos muy buenos amigos».

Seguían teniendo reuniones difíciles «en las que nos criticábamos mutuamente o criticábamos a nuestros respectivos países, pero al final esa relación personal marcó realmente la diferencia».

Para Albright, utilizar la levedad en medio de asuntos serios era una técnica diplomática importante. De hecho, era una técnica que había ido perfeccionando a lo largo de una carrera de varios decenios, durante la cual tuvo que ocuparse de asuntos internacionales delicados y de suma importancia.

En otra etapa más temprana de su carrera, cuando era embajadora de Estados Unidos ante Naciones Unidas después de la Primera Guerra del Golfo, una de las prioridades de Albright fue velar porque las sanciones del alto el fuego establecidas durante la guerra no se deshilvanaran. Habló abiertamente de las atrocidades cometidas bajo el régimen de Saddam Hussein y dejó claro que, mientras siguiera en el poder, la política estadounidense de sanciones económicas no cambiaría.

Las reacciones de la región contra la postura de Albright se manifestaron de muchas formas, como los poemas publicados en los medios de comunicación locales, que la compararon con una «serpiente sin par». ¿Cuál fue la respuesta de Albright a esta vívida descripción? «Pues resulta que tenía un broche de serpiente y decidí llevarlo siempre que habláramos de Irak». En una de esas ocasiones, cuando daba una entrevista a la prensa, «de repente, la cámara me enfoca y un periodista me pregunta: "¿Por qué lleva ese broche de serpiente?"», a lo que ella respondió sin rodeos: «Porque Saddam me comparó con una serpiente».

«Llevo broches para añadir un poco de humor al día —nos dijo—. Los días buenos llevo mariposas y globos, y los malos, muchos animales carnívoros y arañas». Cuando otros embajadores le preguntaban cómo se encontraba en un día determinado, ella respondía: «Interpreta mis broches».

Años más tarde, al descubrir que los rusos habían puesto micrófonos en el Departamento de Estado, Albright llevó un enorme broche con un insecto* a su reunión con el ministro ruso de Asuntos Exteriores. Este comprendió inmediatamente que se había descubierto el pastel, lo que permitió que entablaran una conversación más abierta y productiva.

Los broches de Albright eran relajados, pero transmitían mensajes de peso y una autoridad crucial para conducir la diplomacia internacional. Ya fuera a través de pequeños actos como estos o de representaciones teatrales de fin de velada, Albright siempre echó mano del humor para rebajar las tensiones, establecer contactos personales y preparar el terreno para conversaciones cruciales de gran trascendencia.

Llevar el conflicto al terreno de juego

No es ningún secreto que las empresas necesitan ser ágiles para prosperar en un mundo que se transforma cada vez más deprisa. En una época en la que los expertos predicen que casi la mitad de las empresas del índice S&P 500 serán sustituidas en la próxima década (para los malos en matemáticas, esto representa unas 250 em-

---

(*) En inglés, *bug*, «bicho» o «insecto», también puede significar «micrófono oculto» (*N. de la t.*).

presas), la agilidad y la rapidez son esenciales para cualquier líder que quiera salir airoso.[10]

Tal fue el caso cuando surgió una disputa potencialmente polémica y costosa en materia de derechos de autor entre los directivos de Southwest Airlines y una empresa gacela más pequeña llamada Stevens Aviation. En el invierno de 1992, Southwest Airlines empezó a utilizar el eslogan «Just Plane Smart» («Solo aviones inteligentes»). Pero no sabían que este eslogan ya lo estaba utilizando (y era objeto de un procedimiento judicial) Stevens Aviation, a cargo del CEO Kurt Herwald. El equipo de Herwald lo animó a llevar a su rival a los tribunales.

Pero emprender acciones legales no era la buena solución.

En cambio, Herwald optó por un enfoque menos… tradicional, por así decirlo, para resolver el conflicto: retó al CEO de Southwest, Herb Kelleher, a un pulso. El ganador se quedaría con los derechos del eslogan y las dos partes evitarían tener que firmar cheques importantes a sus carísimos abogados.

Kelleher, que en 1968 se había propuesto crear «la aerolínea más peculiar del mundo», aceptó sin pensárselo dos veces. Los dos hombres se prepararon, pues, para enfrentarse ante 4 500 espectadores en un estadio de Dallas repleto hasta los topes, durante un acontecimiento extraño y sin precedentes que rápidamente se conoció como «Malicia en Dallas».

Para los empleados de Stevens, la diversión había comenzado unas semanas antes, cuando su intrépido jefe empezó a publicar en la intranet de la empresa una serie de videos humorísticos que documentaban su «agotador» régimen de entrenamiento. Lo veías sudar a mares haciendo flexiones, pesos muertos y *press* banca, mientras parecía levantar una cantidad imposible de peso.

Y llegó la hora del espectáculo. El público enloqueció cuando Herwald, de treinta y tres años, entró corriendo en el cuadrilátero vestido con bata de seda roja con los puños en alto en señal de triunfo. Los vítores no hicieron más que crecer cuando Kelleher, casi treinta años mayor que Herwald, hizo una entrada más grandiosa al irrumpir en el estadio acompañado de una docena de animadoras que agitaban pompones y un compañero disfrazado de su «entrenador» mientras el tema musical de *Rocky* sonaba a todo volumen por los altavoces del estadio.

Cuando el tañido de una campana resonó en el estadio tejano, el público rugió y los dos hombres entrelazaron sus puños en una batalla por la supremacía física. O eso fingieron durante unos treinta y cinco segundos, al cabo de los cuales Herwald se proclamó como el vencedor indiscutible.

Después de aceptar su victoria, Herwald propuso compartir con Southwest el eslogan en señal de respeto y espíritu deportivo, y dio un golpe maestro publicitario.

Esta maniobra descabellada y sin precedentes no solo ahorró a ambas empresas los costos financieros de un litigio y salvó su reputación, sino que les granjeó la simpatía de sus clientes y reforzó sus dos marcas, con importantes resultados financieros. Se calcula que Southwest ganó seis millones de dólares solo por la publicidad positiva de este acontecimiento. Mientras tanto, Stevens experimentó un crecimiento de un 25% superior a las previsiones de los cuatro años siguientes, durante los cuales sus ingresos se dispararon superando los cien millones de dólares, una tendencia que Herwald atribuye al reconocimiento que Stevens Aviation recibió gracias al combate. «Mis empleados estaban muy orgullosos de la empresa y muy emocionados por la visibilidad que Malicia en Dallas dio a su trabajo —declaró a un periodista—. Meses y años después del acontecimiento, el cambio en la cultura de la empresa era palpable. Los empleados se sentían más conectados entre sí y con su trabajo».

Estos dos CEO fueron lo bastante ágiles (al menos en la resolución de problemas; no tanto en el pulso) como para encontrar una solución creativa y lúdica que fue auténtica para ellos como líderes y para las marcas que aspiraban a crear.

Asumir los errores

Como líder (o como persona que aspira a serlo), puede resultar tentador aparentar que siempre estás a la altura de las circunstancias, al tanto de todo lo que ocurre, sabes conservar la serenidad y lo tienes todo bajo control. Pero, como hemos visto, muchas veces resulta más eficaz exponer nuestra vulnerabilidad. Por eso puede resultar especialmente potente no solo arrojar luz sobre nuestros errores, sino darles brillo. Como dice la experta en liderazgo Dana Bilksy Asher: «La risa sirve a los líderes no a pesar de la vulnerabilidad que expone, sino gracias a ella. Es un camino directo a la confianza en el seno de un equipo».[11]

Por este motivo, en parte, Sara Blakely, fundadora y CEO de Spanx (la que envió por correo un zapato de tacón al comprador de Neiman Marcus), se esfuerza por mostrar sus errores siempre que puede. Por ejemplo, durante las «Oops Meetings», reuniones que se celebran periódicamente en la empresa, Blakely saca a relucir uno de sus errores más recientes y luego (para desconcierto de los nuevos empleados que no han recibido la circular), se echa unos bailes. Cada vez, elige una canción que evoca una de sus metidas de pata e invita a los empleados a bailar con ella. En una ocasión, cuando quiso destacar el error estratégico de intentar competir en una categoría de productos durante más tiempo del debido, eligió la canción *Mr. Roboto*, porque, como ella dijo: «Es una canción increíble, pero dura demasiado».*

Ya se trate de pequeñas metidas de pata o errores de estrategia más importantes, Blakely intenta «encontrarles el humor y contar una historia graciosa al respecto. Después de contar la historia, todo el mundo en la empresa

---

(*) Aunque la canción dura cinco minutos y medio —331 segundos—, la mayoría de las personas recuerda solo cuatro palabras («Domo arigato, Mr. Roboto»). Esto significa que la canción dura 83 segundos por palabra retenida.

aplaude». El humor le permite reconocer sus errores y los de la empresa de una forma que no resulta molesto. También anima a los demás a correr riesgos importantes. Según Blakely: «Quiero liberar a la gente de nuestra empresa del miedo al fracaso. Cuando el miedo no te paraliza, suceden cosas mejores».

La costumbre de ver nuestros errores bajo un ángulo cómico puede tener una repercusión importante en nuestra psicología. Nuevos estudios realizados en Stanford sugieren que las personas que interpretan las historias de su vida,[12] ya sean positivas o negativas, como comedias (y no como tragedias o dramas) afirman sentirse menos estresadas y con más energía, estímulos y satisfacciones.

De hecho, el psicólogo Dan McAdams sostiene que hacemos «elecciones narrativas» activas en las historias que nos contamos a nosotros mismos, así como con el género o el marco que utilizamos para esas historias. McAdams es un experto en identidad narrativa, es decir, en la historia de la vida interiorizada y evolutiva de una persona, que integra el pasado reconstruido y el futuro imaginado. McAdams asegura que si reformulamos sutilmente un relato podemos cambiar una historia dramática o trágica por otra más cómica o relajada, y que incluso las pequeñas modificaciones pueden tener un gran impacto en nuestra vida.

En otras palabras, por lo general podemos elegir la manera de presentar nuestros fracasos (*¿trágicos?*, *¿cómicos?*) y modificar así el impacto que tienen en nuestra vida.

LOS ERRORES ESTÁN BIEN (CASI SIEMPRE)

AHORA
MISMO

AL FINAL

▣ EMBARAZOSO
■ DIVERTIDO

Además de ser una poderosa herramienta para gestionar nuestra propia psicología, demostrar que no tenemos miedo a reírnos de nuestras metidas de pata permite que los demás se sientan seguros y asuman las suyas.

Si no, que le pregunten a Jan, uno de nuestros alumnos que empezó su carrera trabajando como ayudante de investigación en el Instituto Tecnológico de Monterrey (México). Jan y su equipo se encontraban en medio de un estudio de varios meses cuyo objetivo era comprender el proceso de fermentación de cierto tipo de algas. Después de realizar una prueba costosa del proceso en un gran biorreactor, los asistentes de investigación se dieron cuenta de que la muestra se había contaminado y de que el experimento entero se había echado a perder.

Como la mayoría de las contaminaciones se debe a errores humanos, el equipo sabía que probablemente el error había sido culpa suya. Nerviosos y decepcionados, acudieron al doctor que supervisaba sus investigaciones para comunicarle la mala noticia.

Tras escuchar las explicaciones de Jan y percibir el nerviosismo del equipo, el doctor se quedó callado un segundo. Luego, con una sonrisa juguetona, preguntó: «¿Fue Pinky?».

El equipo preguntó perplejo: «¿Quién es Pinky?».

El doctor explicó: «Pinky es una bacteria molesta que ha estado haciendo de las suyas en el laboratorio. De vez en cuando aparece en una muestra para mantenernos alerta».

Jan recuerda: «En ese momento el equipo se rio. Nuestros temores se disiparon. Y enseguida nos pusimos a pensar en cómo resolver el problema».

Afrontar el fracaso con humor puede ayudarnos a gestionar nuestras emociones para aprender de nuestros errores y recuperarnos rápidamente, reduciendo el tiempo de transición entre un fracaso y el siguiente intento. Como escribe la experta en liderazgo Dana Bilky Asher: «No podemos liderar si no podemos aprender. Y, sin embargo, nuestra capacidad para asimilar y procesar nueva información, para generar nuevas ideas y un verdadero crecimiento se apaga por miedo a defraudar a los demás. La risa nos permite abrirnos de nuevo».

En busca de un objetivo

Corría la primavera de 2015 y Daryn Dodson, miembro de la junta directiva del fabricante de helados Ben & Jerry's, trabajaba con la dirección de la empresa para preparar la cumbre de la ONU sobre el clima que se celebraría en París ese mismo año. Al tratarse de la mayor reunión de negociadores sobre el clima del mundo (con la asistencia de más de ciento noventa países), muchos esperaban que la cumbre favoreciera un acuerdo innovador y jurídicamente vinculante para frenar el calentamiento global.

Quizá te estés preguntando qué tiene que ver el cambio climático con una empresa de helados.

Desde su fundación, un elemento esencial del modelo empresarial y operativo de Ben & Jerry's se centró en el compromiso de la empresa en la resolución de los problemas sociales y medioambientales más acuciantes del mundo. De hecho, cuando Unilever compró la empresa en el año 2000, incluyó en el acuerdo una cláusula poco convencional, la creación de una junta directiva independiente en Ben & Jerry's para mantener el foco sobre estas cuestiones.

Esto nos lleva de nuevo a Daryn Dodson, un miembro de la junta. Tras madurarlo detenidamente, Dodson, el resto de la junta y el equipo de dirección definieron su estrategia y se pusieron manos a la obra.

Lanzaron un nuevo sabor de helado, «Save Our Swirled» (SOS, Salvad nuestro helado), y un video titulado «If it's melted, it's ruined» (Si se derrite, se echa a perder), cuyo objetivo era concienciar sobre la crisis climática y animar a los fanes de más de treinta y cinco países a firmar una petición para que los líderes mundiales mantuvieran el incremento de la temperatura global por debajo de los 2 grados centígrados. Como era de esperar, el video no era muy serio. Mostraba el proceso de derretimiento inverso de una bola de helado, es decir, volviendo a congelarse en un producto deliciosamente helado, mientras el narrador destacaba la importancia de actuar ahora para invertir la tendencia del calentamiento global. O, como dijeron ellos: por qué los casquetes polares, al igual que el helado, se mantienen mejor congelados.

Como reflexionó Dodson: «En Ben & Jerry's nos tomamos muy en serio el apoyo a los activistas en sus respectivas comunidades, y defendemos nuestros valores. Pero también somos conscientes de que los movimientos necesitan humor y de que el contenido humorístico a veces se hace viral para poder apoyar mejor a estos movimientos». Su planteamiento funcionó, porque el video se compartió masivamente y consiguió miles de firmas para la petición. Al utilizar un enfoque relajado al tiempo que compartieron la gravedad de la situación, explicó Dodson, «pudimos aportar un poco de levedad a un problema realmente difícil de una manera que lo hizo accesible a muchas personas que quizá no tengan el tiempo o la energía para entenderlo».

El cambio climático es solo uno de los movimientos que encontrarás en la sección «Cuestiones que nos preocupan» del sitio web de Ben & Jerry's, que también incluye la igualdad LGBT, la reforma de la justicia penal y la democracia. Más de cuarenta años después de la creación de la empresa, Ben & Jerry's puede ser tan conocida por su activismo como por sus deliciosos cubos de Half Baked. Y, a lo largo de este tiempo, el equipo y la junta directiva de Ben & Jerry's han abordado siempre con levedad multitud de cuestiones serias.

Por ejemplo, unos años más tarde, en 2017, cuando el Parlamento australiano no había legalizado todavía el matrimonio entre personas del mismo sexo, la empresa instituyó una prohibición en todo el país sobre las «bolas del mismo sabor» e instaló buzones rematados con un arco iris en cada una de sus tiendas australianas, permitiendo así que los clientes se pusieran en contacto con sus representantes parlamentarios locales más fácilmente. Como informó en su momento la periodista Jelisa Castrodale, de *Vice*, «aunque su planteamiento pueda parecer tonto o trivial, ha alimentado un diálogo que se había estancado y recordó a los australianos que esta desigualdad sigue sin resolverse». El objetivo de la prohibición, como explicó Dodson, no era solo dar un nuevo impulso a quienes ya les daban su apoyo, sino también «conectar el movimiento con nuestros seguidores que pueden no estar de acuerdo».

Los ejemplos continúan: la asociación con el Advancement Project para crear un nuevo sabor de helado llamado *Justice ReMix'd*, que el comunicado oficial de 2019 describía como un helado de canela y chocolate con trozos de masa de pan de canela y un regusto de «acabar con el racismo estructural en nuestro sistema jurídico penal roto»; una protesta en la Casa Blanca en apoyo a Democracy Awakening que terminó con el arresto de Ben Cohen y Jerry Greenfield comiendo helado esposados. La foto del arresto corrió como la pólvora, no sin razón: como explicó Dodson, «muchos seguidores que quizá no conocían los principios del movimiento —en torno a los derechos de los inmigrantes o las personas que no podían ejercer su derecho constitucional al voto en Carolina del Norte debido a diversas leyes de identificación de votantes— se sintieron incitados a leer más y actuar en apoyo de las comunidades que habían sido privadas de sus derechos al negárseles su derecho al voto».

Los movimientos a los que Dodson ha dedicado su vida y su trabajo —en Ben & Jerry's y no solo— son serios, sistémicos y urgentes. Y Dodson indicó claramente que, en este contexto, el humor es como la sal: no conviene usarlo todo el tiempo, y un poco da para mucho.

Aun así, Dodson afirma: «Creo que el humor es una forma maravillosa de expresar el prudente caminar en la cuerda floja de las difíciles cuestiones subyacentes de una cultura, o la persecución de una misión increíblemente audaz. Una forma de relajarnos mientras buscamos la persecución del fin —o del delfín, para los pescadores— y cambiamos las cosas en la sociedad».

Los pedestales ya no se llevan

En lo que respecta a las actitudes contemporáneas sobre el liderazgo, otra gran pieza del rompecabezas es la jerarquía: ¿cómo cultivan los líderes un entorno donde pueden proyectar simultáneamente autoridad y una sensación de cercanía? Durante su mandato como CEO de Twitter, Dick Costolo utilizó magistralmente la levedad para conectar con sus equipos y disipar las tensiones inútiles causadas por la jerarquía y el estatus.

Costolo hace memoria: «Recuerdo estar en el ascensor un lunes por la mañana, cuando los nuevos empleados contratados empezaban a trabajar. Una persona en el ascensor dijo susurrando: "¡Ese es el CEO!". Y yo me reí y dije: "¡Estoy aquí! ¡Hola! No soy un holograma, ¡puedo oírlo! Me llamo Dick. Encantado de conocerlo". Todo el mundo se rio y eso cambió inmediatamente la dinámica de poder». Al menos durante unos instantes, el acto de reír juntos disolvió la jerarquía e hizo que Costolo pareciera una persona menos intimidante y más cercana y accesible. De modo que empezó a hacerlo con regularidad y aprovechaba los trayectos diarios en el ascensor para hablar con los empleados e incluso bromear sobre su estatus de supuesta figura célebre en la empresa. El efecto repercutió más allá de cada viaje individual y las anécdotas de estos encuentros se difundieron entre los empleados.

En el pasado, una interacción de este tipo entre un CEO y sus subordinados habría sido impensable en Estados Unidos. Pero hoy los pedestales están anticuados y la accesibilidad está a la orden del día. Según un informe de Gallup de 2018 sobre el compromiso en el lugar de trabajo en Estados Unidos, un líder cercano puede aumentar el compromiso de los empleados en más del 30%.[13] Además, los empleados que se sentían cómodos para abrirse y hablar con su superior de cuestiones no laborales estaban siete veces más comprometidos que aquellos que sentían que no podían tener una conversación que no fuera de trabajo.

La forma más sencilla y eficaz para los líderes de humanizarse ante su equipo puede ser una dosis saludable de autoironía. A través de un estudio, los investigadores Colette Hoption, Julian Barling y Nick Turner intentaron comprender los efectos del humor en las diferencias de estatus entre líderes y subordinados. Descubrieron que los empleados valoran mejor a los líderes que recurren al humor autoirónico en las mediciones de confianza y capacidad de liderazgo.[14]

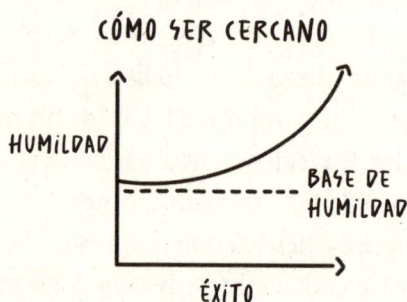

CÓMO SER CERCANO

HUMILDAD

BASE DE HUMILDAD

ÉXITO

Warren Buffett es un ejemplo clásico de líder con un estilo sincero de humor autoirónico —«su superpoder infravalorado», como lo llamó *Forbes*— que proyecta humildad tipo el «vecino de al lado», pese a poseer un patrimonio neto que puede rivalizar con el PIB de varios países pequeños.

En sus famosas reuniones anuales, Buffett es conocido por reírse a su costa, gastando bromas campechanas que se mofan de todos los aspectos de su vida, desde su edad (cuando le preguntaron cómo quería que lo honraran en su funeral, respondió: «Quiero que todo el mundo diga: "Es el cadáver más viejo que he visto en mi vida"») y sus hábitos alimentarios («En treinta años, una cuarta parte de las calorías que he consumido venían de la Coca-Cola. No es una exageración. Una cuarta parte de mí está hecha de Coca-Cola, pero no sé muy bien cuál»), hasta decisiones comerciales que fueron lamentables («Hoy preferiría prepararme para una colonoscopia antes que emitir acciones de Berkshire»).

Para Dick Costolo, la modestia no es solo una forma de ganar puntos de simpatía, sino también un elemento esencial para triunfar como líder. Como él mismo explica: «Mi trabajo como líder no es evitar que se produzcan errores; mi trabajo como líder es corregirlos lo antes posible cuando se producen. Pero si nadie se siente cómodo dándome las malas noticias, me llevará mucho más tiempo corregir esos errores».

La Torre inclinada de la gratitud

Una de nuestras alumnas recordaba a Scott, un antiguo jefe con el que había trabajado que utilizaba la levedad para expresar su gratitud de una manera que se le ha quedado grabada en la memoria hasta hoy.

Scott había sido su jefe de proyecto en un equipo de redacción de contenidos para una prometedora empresa de biotecnología de California. A medio recorrido de un proyecto de un año de duración, la vida de Scott se volvió un poco atareada: no solo estaba desbordado de trabajo con otros proyectos, sino que él y su mujer acababan de tener a su primer bebé. Cuanto más se alejaba de su equipo, más sentía que no estaba presente para trabajar duro como el equipo necesitaba.

Así que se le ocurrió una forma creativa de demostrarles que apreciaba su trabajo. Una noche, Scott se escapó temporalmente de los plazos y las obligaciones paternales y se quedó hasta tarde. Fue a buscar cientos de latas vacías de LaCroix de los contenedores de reciclaje de todo el campus. A la mañana siguiente, cuando el equipo de Scott entró en la oficina, encontró un espectáculo insólito: todas las mesas de trabajo estaban colocadas en el centro de la sala y encima había una pirámide gigante de latas de LaCroix que llegaba hasta el techo. En lo alto de la pirámide había una banderita que rezaba: «Los veo a todos alcanzando grandes alturas».

Puede que la estructura no fuera una obra de arte arquitectónica, pero desde un punto de vista simbólico era brillante: una forma relajada de demostrar que Scott veía y apreciaba el trabajo duro de su equipo.

Nuestra antigua alumna nos dijo: «Parece banal y un poco aleatorio, pero, desde un punto de vista moral, necesitábamos sentir que se daba cuenta de que estábamos dejando la piel. Al mostrarnos su reconocimiento de una forma tan esforzada y ridícula hubo algo en él que nos hizo pensar: "Bien, maravilloso, lo entiendo. Estamos todos en el mismo barco"».

Reconocer el trabajo duro es importante, en particular cuando se trata de retener a las personas con talento. Un estudio de varias décadas realizado por OC Tanner a doscientos mil directivos y empleados reveló que el 79% de las personas que dejan su puesto de trabajo cita la «falta de aprecio» como razón principal.[15]

Todos queremos que se celebren nuestras victorias, pero cuando el reconocimiento no parece sincero, nuestro radar se activa. Los momentos inesperados y lúdicos de elogio o reconocimiento a menudo pueden ser más significativos que los momentos «oficiales», porque indican que alguien no solo está prestando atención a lo que estamos haciendo bien, sino que además se preocupa lo bastante como para celebrarlo haciendo algo fuera de lo común.

En otras palabras: nadie se pasa la noche construyendo una torre de residuos reciclables si sus intenciones no son sinceras.

El equilibrio entre la gravedad y la levedad

Corría noviembre de 2000 y Richard Branson, magnate, filántropo, escritor y fundador del grupo Virgin, lanzaba Virgin Mobile en Australia con su equipo. Su nueva directora de *marketing*, Jean Oelwang, acababa de llegar de una empresa mucho más rígida, donde las bromas no solo estaban mal vistas, sino que se consideraban perjudiciales para los resultados. Y ahora se encontraba en el puerto de Sídney, mirando hacia el cielo, donde su nuevo jefe colgaba cabeza abajo de una cuerda elástica conectada a un helicóptero de gran velocidad. El plan era que descendiera flotando y aterrizara en el puerto, donde «liberaría» a docenas de clientes que esperaban atrapados en grandes jaulas de acero, jaulas que representaban la esclavitud metafórica de sus planes de telefonía móvil de entonces.

Era un golpe de efecto muy loco —por los que Branson es legendario—, pero él estaba empeñado en buscar la manera de darle la bienvenida a su nueva directora de *marketing* y establecer el tono de su futura relación de trabajo. De modo que, cuando la aventura en helicóptero que desafiaba a la muerte tocó a su fin, Branson se acercó a Oelwang, que le entregó un discurso que tenía preparado. Branson miró la primera página del discurso durante diez segundos —perplejo y visiblemente ofendido—, antes de pasar a la segunda y la tercera. Algo iba mal, pensaron Oelwang y el resto del equipo. Entonces Branson rompió el silencio: «Soy disléxico… pusieron las líneas demasiado juntas. ¡No puedo dar el discurso!».

Fue como si a la sala le faltara el aire.

Una sonrisa maliciosa se dibujó entonces en el rostro barbudo de Branson, que empezó a reírse. Oelwang y sus nuevos compañeros comprendieron que estaba bromeando y empezaron a reírse a su vez.

La intimidación que Oelwang pudiera haber sentido hasta entonces se disipó en un abrir y cerrar de ojos. En los más de veinte años que llevan trabajando juntos desde aquel memorable primer día, Oelwang dice que ha aprendido a apreciar cómo «la alegría y el humor aceleran el proceso hacia la confianza y el respeto. Crean un espacio seguro para el desarrollo de una relación». De hecho, piensa que «el momento en que Richard me jugó la broma antes del lanzamiento de Virgin Mobile sentó las bases para el resto de nuestra colaboración a lo largo de los últimos veinte años».*

Oelwang resultó ser el yin perfecto para el yang de Branson. Juntos, el carácter más serio de ella y la personalidad más traviesa de él formaron una alquimia poderosa, que les permitió forjar una hermosa cooperación llena de levedad y risas, «sin perder de vista la importancia del trabajo que hacemos ni sacrificar la calidad del producto final».

Cuatro años después del truco del helicóptero en el puerto de Sídney, Branson empezó a organizar una serie de reuniones en su casa de la isla caribeña de Necker para formar «los Ancianos», un grupo que Nelson Mandela había fundado para trabajar por la paz mundial y los derechos humanos. Las sesiones inaugurales de reflexión contaron con la presencia del arzobispo Desmond Tutu, el presidente Jimmy Carter, el ya jubilado secretario general de Naciones Unidas Kofi Annan, el músico y activista Peter Gabriel y otros líderes mundiales.

Antes del acto, Oelwang y su equipo pasaron meses enteros planificando cada detalle de las reuniones. Habían preparado programas diarios elaborados y habían compilado cientos de páginas de presentaciones muy documentadas, que detallaban los acuciantes problemas

(*) Un poco diferente de la escena que su último jefe montó el primer día de Jean en la empresa, cuando le regaló dos libros: *El arte de la guerra*, de Sun Tzu y *La alegría de cocinar*, de Irma Rombauer. Como recordaba Oelwang, el mensaje fue desgarradoramente claro: aprenda a hacer la guerra y aplastar a sus competidores, o abandone esta selva de locos y alcance la felicidad doméstica cocinando. Suspiro.

en materia de derechos humanos que este grupo se reunía para debatir.

Branson, no obstante, tenía otras ideas.

Como describe Oelwang, la noche antes de que llegaran los Ancianos, «nos reunimos todos para repasar el plan del retiro. Richard y Peter Gabriel echaron un vistazo a nuestros documentos y tiraron los PowerPoint a la papelera. Dijeron que querían asegurarse de que [el acto] fuera más humano. Richard insistió en que modificáramos toda la agenda para consagrar la mitad del día al juego y la otra mitad al trabajo».

La idea rozaba lo ridículo: líderes del mundo entero iban a venir en avión y dedicar varios días a promover la paz y los derechos humanos, ¿y Branson quería que pasaran la mitad del tiempo jugando? Oelwang recuerda que replicó: «Tenemos que dedicar todo el día al contenido. La gente va a hacer todo el camino hasta aquí... eso es lo que esperan hacer».

Pero Branson se impuso. El equipo modificó la agenda del fin de semana siguiendo la proporción mitad trabajo / mitad juego. Además de las sesiones estructuradas, la reunión estuvo salpicada de actividades lúdicas, como cuando Gabriel y Branson enseñaron a nadar al arzobispo Tutu.

Y resultó que fue durante las tardes de juego cuando se hizo el verdadero trabajo. En particular, fue durante una de esas tardes en que el presidente Carter y el arzobispo Tutu estaban sentados juntos en la playa, con los pies hundidos en la arena, cuando los dos hombres crearon lo que terminarían siendo los valores fundacionales de los Ancianos. Fue en ese bello momento cuando la alquimia de la levedad, la conexión y la alegría se combinó con la gravedad del trabajo cumplido para producir resultados profundos. Oelwang había creado las bases rigurosas necesarias para que el grupo pudiera zambullirse en las cuestiones del orden del día, y Branson había dado a sus compañeros el espacio que necesitaban para pensar, soñar y crear.

Branson se mantiene firme en su convicción de que los momentos serios —como esta reunión única en la vida con algunos de los mayores líderes de una generación para discutir algunos de los problemas mundiales más insolubles de nuestro tiempo— son en realidad aquellos en los que la levedad es más necesaria. En este caso, este ilustre y diverso grupo de líderes mundiales no solo se limitaron a divertirse juntos, forjando una cooperación duradera repleta de travesuras y jolgorio, sino que además hicieron mucho bien a la humanidad. Amén.

Y, como nos recuerdan Branson y Oelwang, el equilibrio entre gravedad y levedad no solo es una estrategia poderosa para abordar cuestiones serias, sino también una receta poderosa para lograr un equipo ganador.

* * *

Cada una de estas historias está protagonizada por líderes diferentes, de campos diferentes, en regiones diferentes del mundo, pero comparten un relato común: un líder muy respetado, con una trayectoria de éxitos apreciable (y quizá el ego que los acompaña), inyecta levedad a una situación cargada de seriedad, con resultados muy positivos.

Los datos académicos respaldan estas anécdotas: el humor funciona, incluso (sobre todo) en las circunstancias más dramáticas.

¿Qué hacemos entonces? Concluyamos este capítulo con un pequeño ejercicio. Si fueras Leslie Blodgett y tuvieras que escribir un anuncio a toda página en *The New York Times* para dar un empujón a tu negocio que anda de capa caída, ¿qué escribirías? Si fueras la secretaria de Estado Madeleine Albright y tuvieras que cantar a dúo con tu mayor adversario, ¿qué cantarías? (No olvides que tiene armas nucleares). ¿Cuál sería tu pirámide de latas LaCroix? ¿Tu momento Carter-y-Tutu-hunden-los-pies-en-la-arena?

El humor es un superpoder, pero, a diferencia de la invisibilidad, la de la visión láser o de ser un superhombre, es un superpoder que todos poseemos en secreto.*

(*) Pero no esperes un contrato para una película de Marvel. A menos que te vuelvas grande y verde cuando te enojas. En ese caso, es posible.

CAPÍTULO 6
CREA UNA CULTURA
DE LA LEVEDAD

Me sorprende lo mucho que la risa te conecta con la gente. Es casi imposible mantener algún tipo de distancia o sentido de la jerarquía social cuando estás desternillándote de risa.

JOHN CLEESE

Toy Story fue una de las películas más creativamente ambiciosas, lucrativas y pioneras de una generación. Fue el primer largometraje de animación por computadora del mundo y un cuento pintoresco que narra las aventuras de una banda variopinta de adorables juguetes que cobran vida cuando los humanos no están cerca.

En muchos sentidos, el rodaje de la película refleja la intriga misma. El pequeño y apasionado equipo creativo pasó noches en vela, durante las cuales el ecléctico grupo de ingenieros y animadores de Pixar cobraba vida, lo mismo que Woody y Buzz.

La cultura de Pixar estaba impregnada de un espíritu relajado y juguetón que era contagioso y vigorizante. Algunas noches, esto se traducía en torneos de minigolf y carreras de patinetes en los estrechos pasillos de su estudio en Los Ángeles. (Estos concursos recurrentes eran tan competitivos que una vez despertaron a Tom Porter en mitad de la noche para que volviera al estudio y protegiera el récord que ostentaba desde hacía mucho tiempo). Los becarios se vestían de gala los viernes, con disfraces a juego de Jedis o Lobatos. La empresa organizaba el «Pixarpalooza», en el que hasta veinte grupos de empleados de la empresa tocaban versiones de sus canciones favoritas.

Pero estas tradiciones no han ido en detrimento de la productividad. De hecho, muchos consideran que los equipos de Pixar se cuentan entre los más trabajadores y productivos de la industria.

No es una feliz casualidad. Ed Catmull, expresidente de Pixar y Walt Disney Animation Studios, creía que la levedad y el juego eran fundamentales para constituir equipos productivos y creativos. Esta teoría ha sido validada por la investigación: en un estudio sobre 352 empleados de 54 equipos, los investigadores Nale Lehmann-Willenbrock y Joseph Allen grabaron en video reuniones de equipo de una hora de duración y analizaron las valoraciones del rendimiento del equipo hechas por los supervisores. Los equipos que recurrían al humor mostraban una comunicación más funcional y mejores aptitudes para la resolución de problemas, además de obtener mejores resultados como equipo, tanto durante la propia reunión como a lo largo del tiempo.[1] Fue precisamente este tipo de cultura lúdica la que permitió prosperar a los equipos de Pixar.

Bajo la dirección de Catmull, Pixar lanzó éxitos de taquilla como *Bichos: una aventura en miniatura*, *Monstruos, Inc.* y *Buscando a Nemo*, y desarrolló la tecnología informática puntera que revolucionó el cine de animación (e hizo que los adultos lloraran viendo bichos, peces y monstruos azules peludos en la pantalla). En opinión de Catmull, ese éxito se debió en gran parte a la camaradería y la resiliencia de los trabajadores de Pixar, que a su vez son producto de la cultura de la risa que habían cultivado. Como explicó Catmull: «Mucho humor y levedad en los buenos momentos consolidan las relaciones y eso permite apoyarse en los demás más fácilmente en los momentos difíciles».

En resumen, todo tenía que ver con la cultura.

Parece evidente que una cultura en la que los empleados puedan dar lo mejor de sí mismos mientras se divierten es más que deseable. Entonces, ¿por qué hay tantas oficinas que parecen sacadas de la película *Enredos de oficina*?*

Si es el caso, este capítulo está hecho para ti. En las páginas que siguen te ofreceremos historias, marcos y

---

(*) Una referencia al canto de Mike Judge a la monotonía. Si no has visto la peli…, sí, vamos a necesitar que la veas cuanto antes. Si pudieras hacerlo, sería geeenial. Es una referencia que entenderás solo después de verla.

consejos que te ayudarán a cultivar una cultura del humor y la levedad en tu organización.

Pero, antes de entrar en materia, queremos subrayar que la aplicación de estas técnicas no es universal. Puede que te sientas cómodo siendo el centro de atracción o, por el contrario, que prefieras influir en la cultura de forma más indirecta, encumbrando a un compañero de trabajo carismático o modificando el espacio físico de tu oficina. Es como cuando te comes una galleta Reese's: no hay una única forma de crear cultura.

Tu misión, si decides aceptarla, es determinar cada principio y táctica a través de tu auténtico estilo de liderazgo y tu organización única, y luego adoptar los que más resuenen. En el proceso forjarás relaciones más sólidas y animarás a tus equipos a dar lo mejor de sí, al mismo tiempo que crearás la clase de entorno en el que la gente tiene ganas de trabajar.

Establecer el tono desde arriba

No es sorprendente que los líderes tengan una influencia desproporcionada en la cultura de la organización.[2] Una de las formas más eficaces de crear una cultura de la levedad es encarnando —y permitiendo— públicamente el humor, enviando señales firmes y coherentes de que la levedad y el juego son deseados y aceptados.

Exhibe tu sentido del humor

Hemos explorado numerosas historias de líderes que exhiben su humor: cómo el anuncio de Leslie Blodgett en *The New York Times* suscitó el entusiasmo de los empleados; cómo la fogosa imitación que Stephen Curry hizo de Steve Ballmer relajó a su equipo de socios y les permitió sentirse más a gusto; cómo la atrevida acrobacia en helicóptero de Richard Branson se acompañó de una broma descarada cuando aterrizó, reforzando la idea de que en Virgin se valora y se fomenta el juego. Lo que estas historias —y las que vas a leer— tienen en común es que permiten a los líderes señalar que no son la clase de líderes que se toman a sí mismos demasiado en serio. Estas manifestaciones públicas de levedad marcan el tono de la cultura y autorizan tácitamente a otros miembros de la organización a seguir su ejemplo.

El humor espontáneo es una herramienta utilizada comúnmente por los CEO que son más eficaces para marcar un tono de levedad. ¿Por qué es tan eficaz? ¡Sorpresa! (No, no hay sorpresa propiamente dicha). Cuando el humor parece planeado, el elemento crucial de la sorpresa se pierde. En este sentido, el remate debe llegar como un puñetazo. Si el público está preparado para el impacto, es más difícil dejarlo fuera de combate. (Y se sienten incómodos esperando a que lo ejecutes). Por eso no es de extrañar que uno de los primeros consejos que la mayoría de los comediantes da a los que no lo son sea que nunca empiecen una historia con un «sé una historia graciosa...». Cuando la gente percibe que intentas ser gracioso, de pronto tienes algo que demostrar.

El humor orgánico tiene un listón mucho más bajo. Cuando simplemente reaccionas al momento (el «aquí y ahora» del fiel capítulo 3), cualquier cosa, aunque sea levemente sorprendente o poco seria —el más mínimo gesto de juego—, puede provocar la risa. En resumen: si parece planeado, más vale que sea bueno. Si estás en el escenario y se te cae un cacahuete sin querer, eso es oro cómico.

Para nosotras es fácil decir «¡sé espontáneamente gracioso!», pero es mucho más difícil hacerlo en la práctica. Por eso recomendamos que te centres en crear condiciones favorables para un humor espontáneo que no sea forzado. Y la forma más sencilla de hacerlo es aprovechar lo que ya existe: tus relaciones laborales que sean más divertidas y den más juego de forma natural.

Dick Costolo conocía bien esta estrategia; cuando trabajaba para Twitter, tenía una serie de empleados a los que llamaba para que hicieran este rol. Entre ellos estaba su antigua compañera April Underwood, directora de producto senior a la que Costolo invitaba periódicamente a subir al escenario para hacer presentaciones a escala empresarial.

Los dos se conocían bien de haber trabajado juntos en Google, y esta relación relajada de viejos compañeros contribuyó a que Costolo pudiera mostrarse como una persona de verdad, con verdadero sentido del humor. Al invitarla a subirse al escenario, Costolo convertía tácitamente a Underwood en la representante de los demás empleados, que, al verla jugar y bromear con el jefe, sentían que ellos también lo hacían de forma indirecta. Como expresó Underwood: «No hay nada que pueda sustituir ese momento en el que sucede algo inesperado y la gente que está en el escenario responde con humor. El hecho de que no haya nada planeado, de que todo ocurra sobre la marcha, lo vuelve aún más divertido. Y, además, era una manera segura de hacerlo, porque podíamos entablar un juego entre nosotros de la forma más natural… y divertida».

Observamos una dinámica similar en los *sketches* de *Saturday Night Live* en los que los actores «se salen» del personaje y se ríen de su propia hilaridad. Esto funciona porque podemos ver a los actores como seres humanos en un momento que están viviendo con nosotros, lo que a veces puede ser más divertido que el *sketch* que habían concebido. El actor ya no va por delante del público. Al ceder el control a Underwood y reaccionar en tiempo real, Costolo permite que todo el mundo viva el instante con él.

Se trata de una técnica que los fundadores de Google, Larry Page y Sergey Brin —junto con Eric Schmidt, que se incorporó más tarde como CEO— utilizaron desde el principio.

Poco después de la fundación de Google, Page y Brin instituyeron una reunión de una hora a escala empresarial al final de cada semana, que llamaron con el acrónimo TGIF (Thank Goodness It's Friday; Gracias a Dios es viernes).* Durante los primeros treinta minutos,

---

(*) Busca «Google TGIF 1999 video» en YouTube si quieres verlo. Y busca en Google «TGIF $14.99 Menu» para deleitarte con dos

el equipo repasaba las noticias y los lanzamientos de productos de la semana anterior, hacía demostraciones de productos inéditos y celebraba las victorias recientes. Los últimos treinta minutos los dedicaban a una sesión de preguntas y respuestas en la que cualquier empleado de Google podía consultar* al equipo directivo sobre cualquier tema que quisieran.

Los empleados de Google disfrutaban tanto de la temática como del estilo de las reuniones. Les encantaba que no se excluyera ningún tema, ya se tratara de las características de los teléfonos celulares o de los resultados de las elecciones. Pero las ingeniosas conversaciones entre Page y Brin (y más tarde también Schmidt) constituían con frecuencia el punto más fuerte, sobre todo cuando Brin hacía gala de su sentido del humor absurdo.

Los TGIF de Google se asemejaban muchas veces a un espectáculo de comedia. Schmidt recuerda que «el humor surgía de forma totalmente natural» cuando ambos se subían al escenario; eran capaces de plantarse cara y de bromear relajadamente como disfrutaban haciendo a puerta cerrada.

El objetivo de los líderes era claro y resuelto: inspirar una forma relajada de liderazgo. Como comentó Schmidt: «Tienes a los líderes que inspiras. Si los líderes de la empresa se relajan, tienen sentido del humor y se

---

parrilladas, puré de papas y brócoli con mantequilla de limón, todo a un precio asequible.

(*) Sí, esto ha sido un sutil juego de palabras sobre los motores de búsqueda. Por favor, que no te dé pena si quieres hacer «buuuu» (en plan booleano).

divierten, los demás tendrán permiso para hacer lo mismo, dentro de unos límites apropiados».

Establecieron una cultura que no ha cambiado desde hace más de veinte años: Google es una empresa en la que los empleados pueden divertirse y ser ellos mismos.

Por supuesto, no todos los líderes se sienten cómodos exhibiendo su sentido del humor,* pero hay muchas formas de cultivar una cultura de la levedad y de señalar que el humor se valora en tu organización, sin ponerte en el punto de mira.

Sigue el juego

Una de las primeras reglas de la comedia de improvisación es el concepto de «Sí, y»; la regla según la cual cuando tu compañero de escena hace una oferta (explícita o implícita), tú siempre estás de acuerdo con la premisa y añades algo nuevo. En *Bossypants*, Tina Fey explica:

> Si empiezo una escena con «No puedo creer que haga tanto calor aquí», y tú solo respondes: «Sí…», nos quedamos como en un punto muerto.
>
> Pero si digo: «No puedo creer que haga tanto calor aquí», y tú respondes: «¿Qué esperabas? Estamos en el infierno». O si digo: «No puedo creer que haga tanto calor aquí», y tú respondes: «Sí, esto no puede ser bueno para las figuras de cera». O si digo: «No puedo creer que

_____

(*) Dicho esto, si lo tienes, ¡suéltate el pelo! (chasquido descarado).

haga tanto calor aquí», y tú respondes: «Te dije que no deberíamos habernos metido en la boca de este perro», entonces estamos llegando a algo.

El enfoque «Sí, y» enriquece la escena, contribuye a que se desarrolle el humor y establece la confianza entre los socios en escena.

El camino más seguro para fomentar una cultura de la levedad es explotar la levedad del «Sí, y» que surge naturalmente de los compañeros de trabajo y los equipos, afirma Kelly Leonard, autora del libro —agárrate— *Yes, and* («Sí, y»).[3]

En ningún sitio esto es más importante (o se siente con más intensidad) que cuando los actos de levedad se hacen a costa de uno mismo. Aaron Easterly, CEO de Rover, una plataforma popular que pone en contacto a dueños de mascotas con paseadores de perros y cuidadores de mascotas experimentados en su región, anima a sus empleados a que se diviertan, aunque sea burlándose de él.

Veamos un ejemplo: la mañana del octavo aniversario de la empresa, el equipo de Easterly decidió celebrar la ocasión con donas y un juego casero llamado «Dos verdades y una mentira: el concurso ¿Conoces bien a Aaron Easterly?». Solo consistía en diez preguntas, cada una con tres datos sobre Easterly. Como ya habrás deducido (eres muy listo), dos eran verdad y una era mentira; el reto consistía en adivinar la mentira.

Algunas verdades (embarazosas) que el juego reveló sobre Easterly:

- Una vez compró una Jeep estándar, olvidando momentáneamente que no sabía conducir estándar.
- Se presentó a una cena de la junta directiva y no pudo comer porque se había atiborrado de galletas de chocolate en el camino.
- En una ocasión, durante una presentación, se refirió por error a una sala llena de ejecutivos de la empresa MSN como si fueran de la empresa AOL.

«Y así, todas las estupideces que he cometido durante veinte años quedaron inmortalizadas», recuerda Easterly. En lugar de temer que sus metidas de pata más embarazosas fueran meticulosamente documentadas para diversión de sus compañeros, él mismo participó en la diversión, se prestó al juego y elaboró las anécdotas a petición de sus entusiastas empleados.

El antiguo presidente de Google, Eric Schmidt, también sabe un par de cosas sobre cómo no poner trabas al humor a su costa. Cuando era jefe de desarrollo de productos de Sun Microsystems, Schmidt llegó un día al trabajo y se encontró un Volkswagen Vocho en el centro de la oficina. Al parecer, varios bromistas de alto nivel habían comprado el vehículo, lo habían desensamblado, lo habían llevado a su oficina durante la noche y lo habían vuelto a armar antes de que él llegara por la mañana.* Schmidt sabía que su reacción ante este elabo-

---

(*) Por cierto, el Día de los Inocentes era una fiesta sagrada en Sun. No se andaban con chiquitas. Un año, los empleados transportaron todo el contenido del despacho del director general a un contene-

rado truco (y acto de hechicería mecánica) era muy importante. «Me dije: bueno, bueno. Mi agenda cambió y ahora hay que seguir el juego», recuerda.

En lugar de alejarse, se inclinó (o más bien caminó) hacia el humor de su equipo y celebró reuniones en el interior del Vocho durante los días siguientes.

SEGUIR EL JUEGO

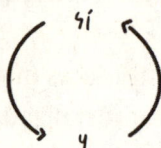

Abrazar el subsuelo

En Pixar, Ed Catmull consideraba los extravagantes rituales que inundaban los pasillos de risas, alegría y simpáticos monstruos peludos como el verdadero tejido conectivo de la empresa. Pero nunca creyó que fuera tarea de un líder intentar dictar los términos de la cultura desde arriba. Como él dice: «La diversión no es una cosa que vaya desde arriba hacia abajo».

Al contrario, una cultura de la levedad puede y debe provenir de todos los niveles. Y, si nos fijamos bien, encontraremos energía potencial por todas partes. En nuestras entrevistas descubrimos que las fuentes de este po-

---

dor de transporte en el estacionamiento de la empresa. En otra ocasión encontraron el escritorio de un ejecutivo en el fondo de un tanque del acuario de San Francisco.

tencial —los empleados que pueden contribuir a crear esta cultura— se describen comúnmente como uno de estos tres arquetipos: **los instigadores, los portadores de cultura y las joyas ocultas**.

Los **portadores de cultura** son líderes naturales y estrellas ascendentes de la organización, para quienes el humor es también una fuerza natural. Las **joyas ocultas** son personas muy trabajadoras y diligentes que pasan desapercibidas y ofrecen ocasiones inesperadas para la levedad. Y los **instigadores** son agitadores* que rompen las normas, hacen las cosas de forma diferente y suelen ser inconformistas por naturaleza.

La manera de aprovechar cada arquetipo —y el grado de su impacto en tu organización— depende de tu cultura y tus objetivos actuales. Si introduces a un instigador en Pixar, lo más seguro es que encaje a la perfección. Por el contrario, si metes a un instigador en el club de los Yankees, te arriesgas a que lo ponga todo patas arriba. O, mejor dicho, ya lo hizo.

Los instigadores

Existen pocos lugares de trabajo donde los desafíos y la presión sean tan importantes como en las Grandes Ligas

(*) «Agitadores», *rabble-rousers* en inglés. No confundir con *The Rebel Rousers* (*Rutas de violencia*, 1970), la película estadounidense independiente de moteros proscritos protagonizada por Jack Nicholson. O con *rabbit rousers*, la gente que va por las granjas tocando las cornetas cerca de las conejeras para avisar a los conejos de que ha empezado el día.

de Beisbol. Y, sin embargo, como dice Alex Rodríguez, leyenda de los New York Yankees, la cultura de la levedad fue uno de los factores principales del título de los Yankees en la Serie Mundial de 2009. Sin embargo, unos años antes, la cultura no habría podido ser más diferente.

Aunque no sepas distinguir un *bunt* de un *balk*,* habrás oído hablar de los Yankees de Nueva York, el equipo más célebre de la historia del beisbol. Pero tanta historia y tradición conllevan cierta reticencia a cambiar las tornas. El antiguo propietario de los Yankees, George Steinbrenner, al mando del equipo durante treinta y siete años, incluso instituyó una estricta política sobre el peinado: nada largo por detrás y nada de vello facial, aparte del bigote. «Éramos los Goldman Sachs del beisbol», bromea Rodríguez.

Pero cuando el equipo se reunió para los entrenamientos de primavera de 2006, corrían muchos rumores —y no todos buenos— alrededor de una de las nuevas incorporaciones del equipo: el exterior central Johnny Damon, que habían comprado al equipo rival Red Sox durante la temporada baja.

Que Damon era pintoresco es lo menos que se puede decir. Le encantaba ser el centro de atención. Conducía un Ferrari negro. Tituló su autobiografía *Idiot* [Idiota] Una vez tiró una calabaza desde el balcón de su piso, en la planta treinta y cuatro, para divertirse. ¿Cómo encaja-

(*) Naomi era atleta en la universidad y Jennifer se entrena en chanclas. Adivina tú mismo quién ha escrito esta frase.

ría un tipo así —un instigador de manual— en la cultura formal del club de los Yankees?

No encajó. Y por eso funcionó. El primer día, cuenta Rodríguez, Damon entró en el club «a las seis de la mañana escuchando a Kid Rock a todo volumen en una bocina» (para ser justas, sería muy inapropiado escuchar a Kid Rock a bajo volumen). «Fue todo un momento», recuerda Rodríguez.

Más que crear problemas, la energía relajada que Damon aportó al equipo lo electrizó. «Liberó el sentido del humor de mucha gente», dijo Rodríguez. Y eso no fue todo: «Eso nos permitió jugar mejor. Nos relajamos y nuestro rendimiento mejoró». No pasó mucho tiempo antes de que otros jugadores participaran en la diversión. El lanzador A. J. Burnett inició una nueva tradición: cada vez que un compañero de equipo bateaba un cuadrangular o conseguía un *walk-off* para terminar un partido, Burnett lo esperaba para embarrarle un pastel en la cara.

La energía de Damon era contagiosa, y Rodríguez comprendió enseguida que ayudaba a los Yankees a prosperar: «En un mundo de *sabermetría* donde todo se valora en función de los números (cuadrangulares, carreras impulsadas, promedios de *slugging*), hay gente que entra en el club y cambia las reglas del juego. Gente que cambia el ambiente, la energía. Hacen que el club sea más ligero y, como resultado, el equipo juega mejor».

Damon, y los instigadores como él, desafían a la cultura de frente. Aunque sus planteamientos suelen ser más arriesgados y perturbadores, también pueden provocar cambios culturales, pero solo si los líderes, como Rodríguez, son lo bastante perspicaces y flexibles para adoptarlos y reconocer su impacto.

Cuando la cultura de Pixar atravesó un bache, los instigadores fueron la punta de lanza del cambio. Como recuerda Catmull, años después de la fundación de la empresa, los primeros empleados (conocidos en su día por ser un grupo joven y pendenciero) habían entrado en una nueva etapa de la vida. Muchos habían formado una familia y criaban a niños pequeños, así que en lugar de quedarse hasta tarde después del trabajo para divertirse juntos y descomprimir (léase: lanzar cohetes fabricados con bidones dispensadores de agua* de diecinueve litros en el estacionamiento, llegando a destrozar una vez el parabrisas de un coche), se marchaban temprano para estar con la familia. Cuando una nueva generación de jóvenes se incorporó a la empresa, se inspiró en la cultura más formal que ya había arraigado. Como Catmull describe, un día se despertó y comprendió que «habíamos perdido la diversión».

La respuesta de Catmull fue llamar a sus instigadores, compartir con ellos sus observaciones y animarlos a dar giros culturales más importantes. Según Catmull, bastó este empujoncito para que los instigadores se pusieran las pilas, reunieran a las tropas, rompieran las reglas y reavivaran la diversión. Después de uno de esos empujoncitos, el Animation Department decidió desensamblar un viejo camión. Luego, durante el fin de sema-

---

(*) Esto es una valiosa conversación sobre dispensadores de agua, como podemos ver.

na, sin pedir permiso, volvieron a armarlo en medio de la zona de animación. Aunque un camión en el estudio pueda parecer un inconveniente para algunos, como dice simplemente Catmull: «Son señales fantásticas».

Cuando la cultura se desvía de su curso, los instigadores son catalizadores, relámpagos de diversión que vuelven a prender la llama de la subversión y el juego. Es lo que dice Catmull: «Siempre habrá gente en la empresa que se salga un poco de lo común. Si todos fueran como ellos, probablemente no llegaríamos a gran cosa. Pero la cultura necesita a algunas de estas personas, porque indican a todos los demás que no hay nada malo en ser diferente».

Identificar y realzar a estos instigadores contribuye a fomentar la diversión y el juego y señala que está bien saltarse las normas, romper los parabrisas y poner a Kid Rock a todo volumen de vez en cuando.

Los portadores de cultura

Los portadores de cultura son estrellas en ascenso muy respetadas en el seno de la organización y que además tienen afinidad por el humor y el juego. Si se les apoya y valora, pueden ser un arma secreta para cultivar una cultura de la levedad duradera y contagiosa.

Para ilustrar su papel, volvamos a 2015 y pasemos por Coursera, una *start-up* de educación en línea en plena expansión. Rick Levin, CEO (y antiguo presidente de la Universidad de Yale), comenzaba su reunión semanal como de costumbre, repasando una lista de prioridades y progresos realizados. Pero esta vez había un invitado sorpresa. El hombre misterioso observaba inquietantemente a través de sus gafas Google Glass detrás de Levin y empezó a interrumpir al distinguido CEO bajo la mirada perpleja y encantada de los empleados.

El hombre resultó ser Sebastian Thrun, CEO del principal competidor de Coursera, Udacity. A medida que avanzaba la reunión, sus burlas se volvían cada vez más agresivas. Con el comportamiento de un supervillano desquiciado, interrumpía sistemáticamente los comentarios de Levin para arremeter contra su CEO rival, así como contra la propia Coursera, con un acento alemán absurdamente dramatizado: «Oooo…, se cree muy elegante e inteligente, ¿eh? Mis coches autopilotados darán vueltas a su alrededor», cacareaba.

Estas diatribas cómicas fueron recibidas con risas desternillantes y aplausos, mientras los empleados de Coursera se deleitaban con la exagerada arenga. Sin embargo, Levin no se inmutó.

«Thrun» era en realidad Connor Diemand-Yauman, uno de los primeros empleados de Coursera y, según todos los indicios, un trabajador fuera de serie. Conocido por su fuerte ética laboral y su rápido ascenso en la empresa, Diemand-Yauman también era famoso entre sus compañeros por su travieso sentido del humor y su capacidad para insuflar vida en momentos áridos y triviales.

Unos meses antes, Diemand-Yauman se había presentado en la fiesta de Halloween de la empresa con el mismo disfraz de Sebastian Thrun. Levin podría haberse reído como el resto de su equipo de las payasadas de Diemand-Yauman, pero, en lugar de eso, se inclinó hacia él y utilizó su posición para mostrar y amplificar el gesto de Diemand-Yauman preguntándole si quería hacer más público a «Thrun».

Como no se limitaba a tomar con calma las travesuras, sino que las fomentaba activamente, Levin siempre apoyaba a Diemand-Yauman y su enfoque de la levedad, abriendo la posibilidad de que otros hicieran lo mismo: «Rick y los demás altos directivos potenciaron nuestro papel para transformar Coursera en la organización donde aspirábamos trabajar. Nos dieron mucho espacio para jugar, crear alegría y encontrar nuevas formas de mejorar la cultura (y, a la larga, el rendimiento de nuestra empresa)», dijo Diemand-Yauman.

El reconocimiento por parte de Levin de los portadores de cultura en Coursera fue brillante, reverberante y profundo. El resultado de su dinámica fue una cultura duradera de extravagancia y juego en Coursera, que, años después de la partida de Diemand-Yauman, sigue siendo citada por los empleados como una de las principales razones que los impulsó a querer trabajar (y permanecer) en la organización.

Para activar a los portadores de cultura, dales la bienvenida en la contienda y comparte los retos y las oportunidades que pueden contribuir a abordar desde la base. Trátalos como a iguales, comparte los problemas de la organización y permíteles que resuelvan los problemas más graves contigo, añadiendo su propio toque juguetón. Estarás cultivando el crecimiento de personas que pueden aportar un gran valor, tanto en el presente como en el futuro.

Las joyas ocultas

Nuestro tercer arquetipo puede pasar fácilmente desapercibido. Las joyas ocultas son personas muy productivas y trabajadoras muy discretas, con habilidades, rarezas y aficiones inspiradoras (e inspiradas).

Volvamos a Hiroki Asai, el antiguo jefe del Creative Design Studio de Apple, a quien le encantaba poner su creatividad al servicio de las reuniones All Hands organizadas en el seno de la empresa. Antes de una de esas reuniones, Asai se enteró de que uno de los miembros más jóvenes del equipo, una diseñadora experta y dedicada, también era cantante de formación clásica, algo que pocos de sus compañeros sabían.

Cuando Asai subió al escenario aquel día, invitó a la empleada a acompañarlo, explicando al público que ella estaba allí para comunicarles una victoria reciente de su equipo. Pero en cuanto tomó el micrófono, las cortinas del enorme escenario se abrieron para revelar un coro de góspel oculto, que inmediatamente rompió a cantar, respaldando a la empleada de excepcional talento que había entonado las primeras notas en el escenario.

La sala se deleitó como nunca cuando otros artistas, que se habían colocado secretamente entre el público, se acercaron bailando al escenario. El auditorio se llenó de ovaciones, risas y armonía (tanto musical como interpersonal) mientras la cantante hacía vibrar la sala ante sus dos mil compañeros.

Si crees que un coro de góspel espontáneo no puede ser «bueno para el negocio», Asai no está de acuerdo.

En primer lugar, realzar los talentos únicos de las joyas ocultas —esas personas diligentes y altamente profesionales, con frecuencia ignoradas, que viven en todos los rincones de tu organización— es una potente receta para el humor, y la alegría que lo acompaña. Se trata de un ingrediente que conocemos y amamos: la sorpresa intrínseca a la revelación de sus talentos crea un momento de regocijo. No hace falta que sea gracioso, basta con que sea verdad para suscitar risas y alegría.

Mucho más allá de este momento de risa compartida, esto ayuda a moldear la cultura de una forma más profunda y duradera. En opinión de Asai, al destacar a las joyas ocultas de su organización (los «héroes silenciosos», como él los llamaba), estaba señalando que cada persona de la organización —con independencia de su cargo o estatus— era valorada no solo por su productividad en el lugar de trabajo, sino por lo que le gustaba hacer fuera de él. Se señalaba así que, fueran cuales fueran tus pasiones y tu personalidad, eran bienvenidas en la empresa. Las joyas ocultas se cuentan entre los aliados más poderosos para transmitir este mensaje.

Y la relación también va en sentido contrario: cuando las personas se sienten cómodas aportando todo su ser al trabajo —sus pasiones personales, sus rarezas, lo que las hace únicas y especiales—, su sentido del humor también se desarrolla.

Institucionalizar la levedad

Has dicho unas palabras ingeniosas en público (o al menos has dado a entender que tu sentido del humor está vivito y coleando) y has encontrado algunos instigadores / portadores de Cultura / joyas ocultas de categoría que estás empeñado en desbloquear. Pero no te conformas con eso: ¡quieres crear una cultura de la levedad que resista el paso del tiempo!

Eso nos lleva al arte de institucionalizar la levedad, de incorporarla al tejido mismo de tu organización.

MIMA LOS MOMENTOS DEFINITORIOS

Párate un momento a reflexionar: ¿cuáles han sido los momentos más definitorios de tu empleo actual? Cuando piensas en lo que ha sido más memorable e importante, en lo que ha tenido más impacto en cómo te sientes en el trabajo, ¿qué momentos se te vienen a la cabeza?

Nuestros cerebros funcionan de tal manera que recordamos nuestra vida menos como una tira de película de la experiencia en curso que como una serie de instantáneas. Y estas instantáneas —las que han inundado tu mente cuando te has detenido a reflexionar— no son capturadas al azar.

Al contrario, se presentan de manera desproporcionada bajo dos formas: el momento de mayor intensidad emocional de una experiencia (el «pico») y el momento final de una experiencia (el «final»). Este fenómeno se debe a una heurística que Daniel Kahneman y Barbara Fredrickson llaman la «regla del pico y el final».[4]

REGLA DEL PICO Y EL FINAL

FINAL

PICO

SATISFACCIÓN

TIEMPO

Estos dos tipos de momentos tienen un gran peso en la manera en que recordamos los acontecimientos, las experiencias, los empleos e incluso las personas de nuestra vida. La comprensión de este fenómeno nos inspira a la hora de dar forma a los recuerdos compartidos de nuestra cultura y a las emociones que resuenan en nuestros empleados mucho después de que haya pasado una experiencia.

Según Asai, forjar una cultura es un poco como crear una pared de casa con fotos de familia. «Cuando haces eso, das pasos muy deliberados para celebrar a la gente, los momentos y los lugares a los que has ido, enmarcas esos momentos y los cuelgas en la pared». Esos momentos, afirma, se convierten en un recordatorio constante de los valores de la familia o, en el caso de una organización, de sus valores y su cultura.

Cuando se convoca a todos los miembros de una organización, cada momento cuenta, y es precisamente el motivo por el que Asai invirtió tantos esfuerzos en reunir a la gente de formas inusuales y con cierta levedad. Ya se tratara de un coro de góspel, de un video protagonizado por empleados vestidos de pies a cabeza como el Blue Man Group o de una elaborada escena de persecución (con Asai en el papel de presa), estos momentos fueron cuidadosamente concebidos para crear picos sensoriales que animaran la experiencia en el momento y que serían colgados en la pared para seguir definiendo los valores mucho después de que el momento hubiera pasado.

Este capítulo ha estado lleno de ejemplos de empresas que salpican las reuniones empresariales de ligereza para crear «picos», y conoces los cuatro arquetipos que te ayudarán sobremanera a garantizar que estas reuniones cobren vida.

Pero ¿qué hay de los «finales»?

Cuando Gina Amaro Rudan empezó a trabajar como «alquimista cultural» en Google X —el servicio secreto de investigación y desarrollo de la empresa que aborda problemas audaces, ambiciosos y en apariencia imposibles—, ella sabía que el equipo necesitaba un ritual de muerte; es decir, la muerte de los proyectos de trabajo.

Inspirándose en ceremonias tan conocidas como el Día de los Muertos, Rudan concibió el «Día X», que pronto se convirtió en una celebración anual para toda la empresa en la que los miembros de Google X construyen altares para los prototipos que han matado, pronuncian panegíricos para las empresas que han cerrado y hacen el duelo de las ideas que enterraron. Utilizan la levedad para resaltar «finales» significativos para la organización.

A primera vista, un Día de los Muertos podría parecer lo opuesto a un día alegre. Pero se convirtió en una manera asombrosamente alegre de reforzar los valores culturales de innovación y agilidad que fueron fundamentales para el éxito de Google X. Tienes que «honrar tu idea, aprender de ella», dice Rudan. «Y es lo que hacemos cada año con un ritual».

Pero infundir levedad a los finales no tiene por qué ser un asunto de elevado presupuesto para la empresa, como ilustra la experiencia de uno de nuestros estudiantes. Cuando trabajaba en Boston Consulting Group, él y su equipo estaban terminando un proyecto para un cliente particularmente difícil. Cuando el proyecto tocaba a su fin, el equipo se sentía tenso y emocionalmente agotado después de los meses de trabajo ingrato. Por eso el director del proyecto organizó una cena de equipo y una elaborada ceremonia en la que entregó a cada miembro un «premio plato de papel» conmemorativo de algo gracioso que había ocurrido durante el proyecto, en el reverso de —lo adivinaste— un plato de papel endeble.

Como recuerda nuestro estudiante, «fue un proyecto horrible, pero a pesar de todo el equipo terminó recordándolo (y recordándonos los unos a los otros) con mucho cariño gracias a la ceremonia. Estoy casi seguro de que aún conservo ese plato».

Así que no olvides: la gente recuerda los picos y los finales. Cuando pregunten a tus empleados por la cultura de tu organización, cuando la gente se les acerque para preguntarles cómo es trabajar allí o por qué deberían trabajar en esa organización, recurrirán a sus recuerdos más punzantes.

Asegúrate de que sean buenos.

CONVIERTE LOS ACCIDENTES EN FOLCLORE

Pero concebir ceremonias y tradiciones nuevas y humorísticas es difícil para algunos. Lo entendemos. Y estamos aquí para ayudarte.

Si estos enfoques no son lo tuyo, intenta recurrir a tu sentido de la observación. Busca momentos de placer orgánicos y, cuando detectes los que coinciden con la cultura que aspiras a tener, apártate o apóyalos y deja que evolucionen.

En los laboratorios Greenfield de Ford Smart Mobility, donde los equipos trabajan para descubrir y crear soluciones de movilidad para nuestro futuro en materia de transporte tecnológico, un ingeniero comentó un día que algunos problemas son «más difíciles que ponerle calcetines a un pollo». El equipo, divertido con la elección de esta metáfora, instituyó la tradición semanal de regalar a un miembro un par de calcetines salvajes o raros como reconocimiento a su trabajo. La tradición se impuso rápidamente como una costumbre tan arraigada que, hasta hoy, se recibe a los nuevos empleados y los visitantes del laboratorio con sus propios calcetines personalizados, a menudo con el tema de los pollos. Los calcetines repartidos son tan numerosos que se han convertido en una partida presupuestaria propia del laboratorio.

Los rituales son el corazón de la cultura de una organización o de un equipo. Según el investigador Mike Norton, de la Universidad de Harvard, incluso los rituales aparentemente extraños pueden convertirse en una fuente de cohesión del grupo.[5] Al crear un sentimiento de identidad compartida y de buena voluntad, los rituales inspiran compromiso, esfuerzo y rendimiento. Suelen arraigar en un pequeño equipo y luego se extienden al conjunto de la organización, entretejiéndose hasta tal punto en la cultura que nadie recuerda la época anterior a su existencia.

A imagen de los comediantes más impresionantes, los líderes dotados de esta habilidad son hábiles observadores, capaces de detectar nuevos comportamientos o actividades que pueden integrar formalmente en las ceremonias «oficiales» de la organización —lo que Joey Zwillinger hizo precisamente cuando un empleado se le acercó para proponerle una apuesta extraña.

Zwillinger es el CEO del fabricante de calzado sostenible de moda, Allbirds. Un día de agosto de 2016, una miembro del equipo de *marketing* apostó con él a que el volumen de negocio alcanzaría los 1.25 millones de dólares a finales de ese mes. Era su sexto mes de actividad y Allbirds acababa de salir del parón estacional de la venta al por menor en julio, junto con la escasez de existencias. A Zwillinger le pareció una cifra excesiva, pero entró al trapo. Cuando le preguntó qué se jugaban, ella bromeó: «Una máquina de *frosé** para la oficina».

(*) Contracción de *frozen rosé* (raspado de vino rosado). Esta es nuestra nota al pie de página más extravagante de todo el libro.

Para sorpresa de ambos, Allbirds alcanzó la cifra. Zwillinger anunció su derrota y no solo compró una máquina de *frosé*, sino que instituyó una celebración semanal; los «viernes *frosé*» se convirtieron en algo,* adoptando esta broma puntual como una tradición de levedad que sigue vigente.

En ambos casos, las nuevas tradiciones surgieron orgánicamente, después de felices accidentes. Como líder, tú puedes fomentar la formación de estos rituales espontáneos buscando a tus instigadores y portadores de cultura: las tradiciones que fluyen desde la base suelen adoptarse más ampliamente y con mayor facilidad, según nuestra experiencia, que las dictadas desde arriba hacia abajo. Busca los momentos de placer orgánicos, apóyalos y no te entrometas.

Las paredes pueden hablar

¿Qué dice de ti tu lenguaje corporal en este momento? ¿Tienes los hombros hacia atrás o encorvados? ¿Tu boca se inclina hacia una sonrisa o es más bien una mueca? ¿Estás sentado orgullosamente, con la cabeza bien alta y sacando pecho, como un miembro de la realeza? (Uno de los fuertes, no uno de esos Habsburgo enclenques).

El lenguaje corporal lo dice todo. El espacio físico de una organización no es diferente. «El espacio físico es el lenguaje corporal de una organización», afirma Brendan

(*) Es decir, algo que la mayoría del equipo lamentaba casi todos los sábados.

Boyle, director de la firma de diseño internacional IDEO. «Cuando el lenguaje verbal y el físico discrepan, como ocurre con nuestro lenguaje corporal, es el lenguaje físico el que impera».

No es por nada que los gigantes tecnológicos como Google y Facebook celebran sus reuniones en salas de conferencias con nombres como «Nosotros no empezamos el Firefox»,* «La bufanda de Steven Tyler» y «Toxicated». Es una forma de enviar señales lúdicas a los em-

---

(*) Cuando se enteró de esto, nuestro amigo David Iscoe desapareció durante una hora sin dar explicaciones y volvió con una nueva letra históricamente ajustada de la canción *We Didn't Start the Fire* (Nosotros no empezamos el fuego). Que la disfrutes:

> **«We Didn't Start the Firefox»** *de David Iscoe*
> NCSA, Mosaic, Erwise palma, ya no es chic
> Marc Andreesen, James Clark, Barksdale CEO
> Netscape Navigator, Godzilla cruce de aligátor
> Number one en el mercado, OPV se lleva la mano
> Netscape se vende a AOL, el producto se fue al carajo
> iPlanet, disolución, ya no queda adónde ir
> AOL fue a peor, Mozilla al *open source*
> Foundation, Corporation, *suite* obsoleta
> Firefox, Thunderbird, *hackers* amigos corren la voz
> Bugzilla, Gecko, Pocket si gusta leer
> Nosotros no empezamos el Firefox
> Es más viejo que la tos
> Desde que el mundo tiene navegador
> Nosotros no empezamos el Firefox
> No, no lo codificamos
> Pero nuestros iPhones lo arruinaron

pleados, tan sutiles como una pequeña sonrisa, de que la levedad es bienvenida.

A estas alturas todos hemos oído hablar de los extravagantes entornos de trabajo de los gigantes tecnológicos, que están repletos de mesas de pimpón, camas elásticas y coloridos toboganes que conectan las salas de conferencias (sí, estas cosas existen de verdad).

Si convertir la oficina en un auténtico patio de recreo puede crear un terreno abonado para la levedad (y para las demandas judiciales colectivas), no es en ningún caso la única solución. Las investigaciones han demostrado que una serie de factores ambientales —que abarcan desde una mayor autonomía de los empleados en el diseño del espacio de trabajo hasta elementos tan simples como las plantas y los colores vivos— pueden favorecer el compromiso, la productividad, la creatividad y el bienestar. Los trabajos de Justin Berg, psicólogo organizacional de la Universidad Stanford, demuestran que la «marca primaria»[6] —es decir, la primera referencia visual que un empleado ve cuando genera ideas— ancla la trayectoria de la novedad y la utilidad. Cuando la marca primaria es sorprendente o inusual, la creatividad suele venir después.

De hecho, algunas de las modificaciones más eficaces y profundas del espacio físico que hemos observado eran guiños sencillos, pequeños y omnipresentes, imbricados en el espacio físico, que señalan constantemente «estamos aquí para trabajar, pero también para jugar».

Por ejemplo, cuando los líderes de JibJab empezaron a diseñar las oficinas de su sede de Los Ángeles, decidieron crear y colgar una serie de carteles enormes que mostraban los valores de la empresa, uno de los cuales decía AGILITY (Agilidad). O, para ser más exactos, se suponía que decía AGILITY. Pero en realidad decía AGLITITY. ¡Ups! Pero los cofundadores Gregg y Evan Spiridellis decidieron conservar el error ortográfico y exhibir el cartel en todo su esplendor como recordatorio de que la empresa acepta los errores y no se toma demasiado en serio a sí misma.

Concebir un espacio para la levedad puede contribuir sobremanera a reforzar los valores cruciales de la organización. IDEO es un maestro en este arte, ya sea animando a los empleados a responder a preguntas divertidas, ya invitando a la reflexión con mensajes colgados en las paredes o sembrando la oficina de sorpresas al azar, como un hoyo de minigolf en la base del retrete. En Forrester, un equipo creó un muro de «citas de la semana» donde consignaban las frases y los momentos más divertidos, animando a todos los empleados a estar atentos a los momentos de humor y alegría a lo largo de la jornada laboral. En 2014, cuando Tesla anunció que haría públicas todas sus patentes, conmemoraron este importante hito exhibiendo con orgullo en una pared gigantesca de su fábrica un juego de palabras sobre un conocido meme, que rezaba: «TODAS NUESTRAS PATENTES SON LES PERTENECEN».

Al fin y al cabo, las modificaciones físicas específicas importan mucho menos que la precisión con la que reflejan los valores únicos y la personalidad de la cultura de empresa, los pilares de lo que la empresa es y aspira a ser.

De vuelta en Pixar, Ed Catmull nos guía por la oficina mientras los creativos revolotean alrededor de sus espacios de trabajo, que incluyen escritorios decorados con mimo e incluso algunas pequeñas cabañas privadas. Como describe Brad Bird, veterano animador y director de Pixar: «Si te das una vuelta por abajo, por la zona de animación, verás que todo está hecho un caos. Uno puede construir una fachada que parece un pueblo del oeste. Otro puede hacer algo que se parezca a Hawái».

Al pasar por delante de una oficina, observamos el contorno de un arco dibujado en la pared. Al constatar nuestra confusión, Ed explica que Pixar siempre ha conservado las paredes de sus oficinas de color blanco; un lienzo en blanco sobre el que los animadores pudieran dibujar. En un momento dado, un empleado fue un poco más allá y abrió un enorme arco en la pared para ver a la gente pasar desde la comodidad de su despacho. Aunque ese empleado se había ido y el siguiente ocupante mandó rellenar el agujero de la pared, le rindieron homenaje dibujando el contorno de un arco allí donde había estado el verdadero (un riesgo profesional si alguna vez contratan a Wile E. Coyote).

Esta actitud hacia la personalización de las oficinas en Pixar es emblemática de la filosofía de la levedad de Catmull sobre el lugar de trabajo: «Lo orgánico implica un principio y un final. Tenemos que dejar que nuestras tradiciones crezcan, evolucionen y mueran orgánicamente para dejar sitio a otras nuevas».

Según Catmull, las tradiciones son cosas a las que hay que aferrarse a la ligera; algunas desaparecerán y otras aflorarán para ocupar su lugar. Al igual que el arco de ese despacho, los líderes deben respetar las viejas tradiciones y dejar que desaparezcan para permitir que surjan otras nuevas. Deben confiar en que han plantado las semillas adecuadas y se han rodeado de las personas adecuadas para que los nuevos rituales, las tradiciones y los elementos de su espacio físico tomen forma.

CAPÍTULO 7
NAVEGAR POR LAS ZONAS GRISES DEL HUMOR

El humor juega cerca del gran fuego ardiente que es la verdad. Y el lector siente el calor.

E. B. WHITE

Si alguna vez has tenido un desacuerdo sobre el carácter gracioso de algo con un amigo, un compañero o una pareja (a la que miras en la cama esa misma noche mientras duerme, agarrado a una pinta de Ben & Jerry's mientras una lágrima corre por tu cara, preguntándote si tu madre tenía razón y has cometido un error monumental), este capítulo es para ti. Trata de las diferencias en la percepción del humor, sus causas, cómo se manifiestan y qué hay que hacer cuando se producen.

Todos tenemos gustos y sensibilidades diferentes cuando se trata del humor. Tú puedes pensar que *Schitt's Creek* es la serie más brillante que se haya transmitido en televisión abierta, mientras que a tu mejor amigo solo le parece que «no está mal». Tú puedes pensar que el humor político es demasiado tabú como para introducirlo en la oficina, mientras que tu compañero de trabajo no deja de imitar al actual inquilino del despacho oval. O puede que tu hija de diecisiete años esté obsesionada con un canal de YouTube o una emisión en Twitch que a ti te resulta totalmente inescrutable.*

(*) O puede que tu padre piense que un buen juego de palabras aligera el día, mientras que tú crees que el único buen juego de palabras es el que nunca ve la luz del día. O a tu amigo le encanta *South Park* porque es un «delincuente que no discrimina», mientras que tú crees que un error no se subsana con otro. O tu hermana cree que los chistes sobre gente que se cae de bruces (literal o metafóricamente) son odiosos, pero tú te has caído de bruces tantas veces que necesitas tomarlo a juego. O te encantan las payasadas del grupo de *Friends*, o quizá, como el personaje de *Futurama* Lrrr, del planeta Omicron Persei 8, te preguntas: «¿Por qué Ross, el Friend más grande, no se come sencillamente a los otros cinco?». O quizá te divierta que Mr. Bean pasee con un pavo en la cabeza, mientras que tu cónyuge simplemente no cree que los humanos deban vestir aves de corral bajo ninguna circunstancia. O puede que a tu amiga le encante la forma que Maria Bamford tiene de hablar abiertamente de la depresión, pero a ti te cuesta aceptarlo porque te parece muy tonto. A lo mejor a ti te encanta *BoJack Horseman* porque está lleno de juegos de palabras con animales, mientras que a tu primo le encanta porque es un retrato tremendamente preciso de la enfermedad mental (suavizado por los juegos de palabras con animales). O puede que leas nuestras notas a pie de página porque eres riguroso y conoces el valor del trabajo duro. Gracias; te vemos y te apreciamos.

LA MAYOR PARTE DEL HUMOR NO LE GUSTARÁ A TODO EL MUNDO

JA, JA, JA

■ GENTE A LA QUE NO LE HIZO GRACIA
☐ ¿EH?

Lo cierto es que lo que nos parece gracioso —o apropiado— dista mucho de ser universal. Hay muchas zonas grises cuando hablamos del humor.

Cuando le preguntamos a la gente qué les impide recurrir al humor en el trabajo, muchos dicen que es el miedo a cruzar una línea sin darse cuenta. En el lugar de trabajo, el humor inapropiado o agresivo (como burlarse en el contexto que no corresponde o de la persona que no se debe) puede debilitar las relaciones en lugar de fortalecerlas, lo que obstaculiza la resolución de conflictos en el lugar de trabajo.*

Además, en nuestra época actual de sensibilidades exacerbadas, polarización política y cultura de la cancelación, recurrir al humor en el trabajo puede parecer más arriesgado que nunca. Como ya te habrás dado cuen-

(*) Conviene señalar que Don Rickles nunca tuvo un trabajo de oficina.

ta, creemos que el humor es una herramienta fundamental que hay que tener a mano. Pero eso no significa que siempre sea fácil o sencillo de manejar. En este capítulo analizaremos cuándo y por qué falla el humor, y qué hay que hacer cuando esto sucede.

Empezaremos analizando las zonas grises del humor y cómo caminar por la cuerda floja. A continuación, nos adentraremos en el ciclo de vida de un humor fallido: cómo reconocer cuándo aciertas (pista: es más complicado que esperar simplemente a oír las risas), diagnosticar la situación y enderezarla.

El objetivo es manejar el humor de manera responsable: con sensibilidad, empatía e hilaridad, todo en consonancia. Comprendiendo sus matices, podemos hacer que el humor resulte menos arriesgado y más versátil.

Las zonas grises del humor

A poco más de la mitad del trimestre, realizamos una actividad llamada Spectrum en clase. Funciona así:

Mostramos a nuestros alumnos una serie de chistes o comentarios hechos en diversos foros públicos que, presumiblemente, el autor o creador pretendía que fueran graciosos: tuits, anuncios, cómics, videos, discursos pronunciados por personajes públicos, etcétera.

Después de presentar cada pieza, pedimos a los alumnos que reflexionen, con calma, a propósito de su nivel de «pertinencia» y «gracia». Ahora viene lo divertido. A continuación, los alumnos se alinean físicamente,* y se sitúan de lado a lado de la sala en una gradación que abarca desde lo «completamente apropiado» hasta lo «completamente inapropiado», y desde lo «gracioso» hasta lo «no gracioso».

Una vez establecida la alineación, el grupo debate sobre cómo se han producido las reacciones y las razones por las que cada cual se ha colocado donde lo ha hecho. Para muchas de las preguntas, obtenemos un abanico de respuestas sorprendentemente amplio, y por eso es fundamental que nuestros alumnos comprendan que el objetivo del ejercicio Spectrum no es demostrar que alguien está equivocado. Se trata de demostrar que el humor afecta a las personas de muchas maneras distintas, y que lo que constituye un humor apropiado o inapropiado en la mayoría de los casos es muy subjetivo, producto de una serie de factores que incluye nuestras experiencias personales, antecedentes, contextos, tendencias políticas, nivel de irritabilidad y mucho más.

Las reglas de la actividad guían el debate: reacciona primero (no analices); sé abierto y honesto; asume el hecho de ser una excepción; celebra los cambios. La conversación es rica y sincera, y profundiza en temas como la ética, la intención y las consecuencias. Los alumnos escuchan los puntos de vista de los demás, comparten experiencias personales y tienen la oportunidad de cambiar de posición en el espectro si así lo desean.

(*) O, si impartes esta clase en línea, se alinean digitalmente utilizando pequeños avatares de estudiantes.

La actividad suele desenterrar realidades incómodas, y la dificultad de estas conversaciones es lo que las hace conmovedoras. Nuestro objetivo es cultivar la empatía, la concienciación y, con suerte, el cambio de comportamiento a través de estas conversaciones.

Así que la pregunta es: ¿cómo tenemos en cuenta este abanico de posibles respuestas cuando intentamos integrar el humor en nuestro trabajo y en nuestra vida? ¿Cómo caminamos por la cuerda floja sin caernos?

La verdad, el dolor y la distancia

Nuestra amiga Anne Libera, directora desde hace años del teatro The Second City y profesora del Columbia College de Chicago a cargo de la supervisión de la primera licenciatura en escritura e interpretación cómicas de Estados Unidos, tiene una teoría de la comedia que permite matizar las zonas grises del humor. Según esta teoría, la comedia tiene tres componentes esenciales: la verdad, el dolor y la distancia. Al igual que los tres poderes del Estado (teóricamente, en cualquier caso), estas tres partes funcionan en concierto: si se utilizan correctamente, son la fuente de un humor brillante; si se aplican mal, pueden ofender y dividir. Comprenderlas es clave para poder adaptar el humor en función del contexto, el estatus y la situación (y también comprender, en retrospectiva, por qué tu humor puede haber cruzado una línea que no debía).

La **verdad** está en el corazón de la comedia. Nos reímos de lo que reconocemos. Al mismo tiempo, la verdad asociada al dolor y a una falta de distancia puede resultar insensible, hiriente u ofensiva.

El **dolor** puede ser físico o emocional. Puede ir de un momento de malestar leve o de incomodidad a una tragedia o un trauma grave. (Anne Libera define el dolor de forma más amplia para incluir elementos como el tabú, el riesgo y la disonancia cognitiva, pero para nuestros propósitos, basta con saber que esta dimensión suele implicar cierto nivel de incomodidad). En algunos casos, puede ser catártico encontrar humor en nuestro dolor; en otros, esto puede hacer que afloren viejos sentimientos que preferiríamos no revivir.

La **distancia** es una medida de lo lejos que un individuo o un grupo de personas está del tema de tu humor. Puede ser temporal («demasiado pronto» para reírse de algo), geográfica (si me ocurrió algo a mí o a mi vecino o a alguien en la otra punta del mundo) o psicológica (en qué medida algo es relevante para nuestra experiencia personal).

El Spectrum

Volvamos al ejercicio Spectrum para ver cómo interactúan estos tres elementos.

En primer lugar, enseñamos un tuit a nuestros alumnos, que decía así:

> ¡Cisco acaba de ofrecerme un empleo! Ahora tengo que sopesar si el desplazamiento diario a San José y

un trabajo odioso me compensan el sueldazo que me ofrecen.

Este tuit tenía claramente la intención de ser gracioso. Pero ¿era apropiado?

Una estudiante a la que le pareció perfectamente inofensivo señaló que imaginaba que esta persona tenía una cuenta privada de Twitter que solo los amigos del tuitero podían ver. Su calificación de «apropiado» se fundaba en su convicción de que es sano e importante poder desahogarse con los amigos expresando tus frustraciones, ¡y que es terapéutico hacerlo con ligereza!

Mientras tanto, en el lado «completamente inapropiado» de la sala, otro estudiante aportó una perspectiva diferente: ¿y si lo hubiera tuiteado públicamente? «El tuitero o la tuitera se está burlando básicamente de la empresa a la que está a punto de incorporarse —señaló el estudiante—. Si yo fuera un empleado de Cisco, me sentiría ofendido y me preguntaría francamente por qué estamos contratando a esa persona».

Bingo.

Es fácil ver la **verdad** en esta afirmación, que llega al meollo de las concesiones que todos nos vemos obligados a hacer cuando se trata de conciliar la vida laboral y la personal.* Pero si le quitas el humor al tuit, el escritor estaba diciendo esencialmente: «Trabajar en Cisco es lo

---

(*) Quien no haya conciliado la vida laboral con la personal, o no tiene trabajo o no tiene vida. O tiene una versión perfecta de las dos, en cuyo caso estamos celosas.

puto peor, y si no viniera con un sueldazo, ni siquiera me plantearía aceptar el empleo».

Puede ser apropiado decirle esto a un amigo, pero probablemente no a toda la twitteresfera, máxime cuando la empresa que estás llamando lo puto peor seguramente tiene una cuenta de Twitter y podría enterarse fácilmente de tu bromita.

En efecto, fue un tuit público y un empleado de Cisco lo vio. La verdad escoció y finalmente anularon la oferta de trabajo que le habían hecho.

Pero utilizar el humor para arrojar luz sobre verdades dolorosas no siempre es tabú. Tomemos como ejemplo *Cartas contra la humanidad*, un popular juego de sociedad conocido por ser irreverente, atrevido y, en ocasiones,* políticamente incorrecto. Este juego *bestseller*, lanzado a través de una campaña de Kickstarter en 2009, se ha ampliado desde entonces con ediciones especiales como el *Geek Pack*, el pack *Nostalgia* de los años 1990, y *Cartas contra la humanidad para ella*, una versión del juego que parodia la existencia de productos «para ella», como se explica en sus preguntas frecuentes:

P: Ya tengo *Cartas contra la humanidad*. ¿Necesito esto?

R: ¡Date un capricho! Di sí al vestido. Encuentra el color que mejor vaya con el tono de tu tez. Quédate con las chicas.

(*) Cada vez que el juego se desarrolla según lo previsto.

P: ¿Qué tiene de diferente?

R: La caja es rosa, pero las cartas son exactamente iguales que las de *Cartas contra la humanidad* original. Taaan aleatorio.

P: Pero ¿por qué cuesta 5 dólares más?

R: Porque lo valemos.

La sátira de la marca no se limita al juego físico en sí; también se traslada a su sitio web y a su *marketing*, como en el caso de este anuncio:

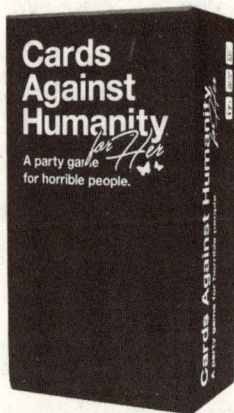

El texto del anuncio reza:

Cartas contra la humanidad para ella

Todo el mundo odia cuando los hombres pasan a la sala para hablar de economía y las diversas cuestiones del día. ¿Qué se supone que deben hacer las damas?

Aquí está la respuesta. *Cartas contra la humanidad para ella.* Es exactamente igual que el juego original *Cartas contra la humanidad*, pero la caja es rosa y cuesta 5 dólares más.

Compre ahora por 30$

Cuando lo enseñamos en clase, rara vez nos sorprende que las mujeres lo encuentren más divertido que los hombres en general. Es lógico. Las mujeres son más susceptibles de reconocer la verdad en esta broma: que los productos comercializados «para mujeres» suelen ser más caros que el mismo producto* comercializado «para hombres» (como la ropa, los productos para el cuidado capilar, los productos para el cuidado de la piel, las maquinillas de afeitar, los dólares…).**

Pero ¿qué hay de la insinuación de que los hombres pasan las tardes enfrascados en sesudos debates sobre cuestiones de economía y actualidad, mientras que, después de llevarles puros y whisky, las mujeres se retiran a la cocina para comparar las listas de la compra? ¿Se ofendieron las mujeres (o los hombres) de nuestra clase? En su mayoría, no, porque la sátira era muy clara. Casi todos los alumnos de la clase consideraron apropiado

(*) P: «Si compro este producto sin leer detenidamente y luego descubro que son las mismas cartas que el juego original, ¿puedo devolverlo y recuperar el dinero?».
R: «¡Ese color te queda genial! No».
(**) Se llama impuesto rosa y, si contratas a un contador de sexo masculino, por tarifas superiores a las del mercado, te dirá cómo ahorrar sobre este impuesto.

este anuncio porque es tan exagerado que está claro que se trata de una broma, no hay ambigüedad.

Un estudiante dijo: «Es divertidísimo y esclarece un tema importante». Otro señaló: «Es una declaración poderosa que hacer y esta es una manera poderosa de hacerlo». Para nuestros alumnos, en cualquier caso, la verdad del anuncio no escocía, porque su intención era muy clara: mofarse de ciertas realidades del sexismo, no respaldarlas.

El **dolor** y la **distancia** están estrechamente vinculados en el sentido de que el grado de distancia suele predecir el grado de dolor del tema para un público determinado. Si te ocurre algo trágico a ti, a un amigo, a un vecino, a tu perro, al perro de tu vecino, al vecino de tu perro…, el dolor será más vivo para ti que para alguien que lo vea en las noticias y no tenga ningún vínculo personal con esas personas. O con los perros.

Al mismo tiempo, el distanciamiento del bromista con respecto a un tema también es una indicación de lo pertinente que puede ser o no bromear sobre ese tema. Por este motivo, los pocos estudiantes que se mostraron indecisos sobre la pertinencia de este anuncio dijeron esencialmente: depende de quién lo haya escrito. La pertenencia a un grupo suele ir acompañada de la licencia para decir ciertas cosas que alguien que no es miembro de ese grupo no entiende. Intuitivamente, esto tiene sentido: las mujeres pueden hacer bromas sobre las mujeres que los hombres no pueden hacer, las personas mayores pueden hacer bromas sobre los mayores que un joven no puede hacer, y así sucesivamente. Por lo tanto, a los alumnos les parecería más apropiado el anuncio de *Cartas contra la humanidad para ella* si supieran que lo escribió un grupo de mujeres inteligentes y divertidas, mientras que podría parecerles mezquino si viniera de un hombre.

La sátira es una poderosa herramienta para exponer —y afrontar— las realidades dolorosas de nuestro mundo. Pero ¿hay cosas demasiado dolorosas o que nos tocan demasiado de cerca como para bromear sobre ellas? ¿Y cómo sabemos si es «demasiado pronto» para bromear sobre ellas?

Es la conversación que surge inevitablemente cuando pedimos a nuestros estudiantes que reflexionen sobre la portada del número de *The Onion* sobre el 11-S, publicado solo dos semanas después de los atentados. Durante esas sombrías semanas, no solo parecía demasiado pronto para reírse, sino que muchos temían que la comedia —y la sátira al estilo de *The Onion* en particular— hubiera terminado para siempre.

A primera vista, ridiculizar los atentados del 11-S tan poco tiempo después de que se produjeran parece asombrosamente insensible y manifiestamente inapropiado. Un número incalculable de estadounidenses hacían el duelo de sus cónyuges, hermanos, amigos, primos, compañeros de trabajo, padres…, y, para colmo, el país parecía encaminarse hacia la guerra. El dolor era intenso y la distancia, inexistente.

Y, sin embargo, cuando preguntamos a nuestros estudiantes (que en su mayoría iba a la preparatoria o a la universidad en 2001), muchos pensaron que los titulares en primera plana captaban la conmoción, la devastación y la impotencia vivida por la gente, con un giro satírico perfectamente calibrado: titulares como SANTO CIELO: ATAQUE CONTRA ESTADOS UNIDOS Y COMO NO SABÍA QUÉ MÁS HACER, UNA MUJER HORNEA UN PASTEL CON LA BANDERA ESTADOUNIDENSE. Las razones que adujeron —como la respuesta de un estudiante natural de Nueva York que estudiaba allí en la época: «Me ayudó a pasar el trago con humor cuando lo necesitaba desesperadamente para procesar algo inimaginable»— son recordatorios conmovedores de que, a veces, cuanto más sufrimos, más necesidad tenemos de reír.

Por supuesto, acordarte de tu reacción ante una tragedia es una cosa, pero diecinueve años entre la tragedia y la época actual es una distancia considerable. Sin embargo, si indagamos en la reacción del público entonces, la historia es sorprendentemente similar, en gran parte porque los redactores de *The Onion* eligieron un tono elaborado con minuciosidad. Si no lo hubieran hecho, la intensidad del dolor y la escasa distancia con respecto a él probablemente habrían conducido a reacciones del todo diferentes.

Por ejemplo, el titular «Un abrazo al 76 000%» es dulce y conmovedor, y pone de relieve el hecho de que la gente se solidariza en un periodo difícil. Los comediantes no bromean con el dolor, sino con el amor.

Mientras tanto, «Ataque masivo en el pentágono véase página 14» reconoce la gravedad de una situación en la que un gran ataque contra el Pentágono sería relegado a un segundo plano. Prácticamente todo el mundo está de acuerdo sobre la gravedad de la situación; no hay controversia.

Como resumía un artículo publicado en la revista *Wired* un día después de la publicación del número: «En lugar de parecer insensible, la sátira cuenta una verdad amarga: el problema es complicado, el peligro, real, y el futuro, incierto».

Incluso si no estás tuiteando chistes sobre tu jefe, creando productos que luchan contra la desigualdad de género o intentando proporcionar alivio cómico a una nación tras una tragedia, estos principios ayudan a proporcionar un marco para entender mejor el humor que estás poniendo en el mundo —y los factores en juego cuando un público evalúa su pertinencia frente a otro—. No se trata de una fórmula rígida. Las zonas grises del humor son confusas, desordenadas y están en constante evolución. Por eso, lo mejor que puedes hacer cuando intentes recorrerlas es tener en cuenta lo siguiente:

- **Examina la verdad**: ¿qué pasa si eliminas el humor de la verdad? ¿El comentario te sigue pareciendo apropiado en este contexto y con este público?
- **Considera el dolor y la distancia**: ¿cuál es la amplitud del dolor? ¿Está lo suficientemente alejado como para poder reírse de él? ¿O está demasiado cerca? ¿Estoy lo bastante cerca de esta persona o de este grupo (o tengo suficiente experiencia personal con la fuente del dolor) como para sentirme confiado bromeando sobre el tema?

- **Interpreta la sala**: interpretar la sala no es solo intentar comprender qué hará reír a los oyentes. También es entender cómo se sentirán. ¿Está la gente de humor para aguantar una broma? ¿Hay diferencias culturales u otras circunstancias que deban tenerse en cuenta?

El ciclo vital de un humor fallido

Thomas era el CEO de una pequeña empresa de medios digitales con una treintena de empleados a tiempo completo, y tenía una empleada problemática, a la que llamaremos Jackie. Todos los miembros del equipo de Jackie le habían hecho saber claramente que Jackie no estaba a la altura del equipo: llegaba tarde y se iba pronto cada día, no cumplía los plazos, no realizaba las tareas importantes. Además, el equipo consideraba que el comportamiento de Jackie era destructivo para la cultura del equipo: hablaba con condescendencia a sus compañeros y se enojaba cuando le reprochaban que no cumplía los plazos. Durante varios meses, Thomas transmitió a Jackie información específica y aprovechable. Pero, cuando se vio que no cambiaba nada, Thomas tomó la difícil decisión de despedirla.

«Todo el mundo lo veía venir desde hacía tiempo, pero aun así fue una decisión difícil. Somos un equipo pequeño y todo el mundo se conoce y se preocupa por todo el mundo». Y aunque el cambio supuso en cierto modo un suspiro de alivio colectivo, también provocó cierta tristeza y… estrés. Al equipo le preocupaba heredar la carga de trabajo de Jackie (no estaba prevista una sustitución inmediata). Además, si bien la mayoría conocía los motivos de la partida de Jackie, como ocurre con los despidos en cualquier empresa pequeña, el hecho suscitó inquietud ante la posibilidad de que otras personas pudieran correr la misma suerte.

La primera gran reunión del equipo después del despido era una de las reuniones que Jackie acostumbraba a dirigir, y su ausencia era palpable. En un intento por rebajar la tensión, Thomas abrió la reunión bromeando: «¡Arranca, Jackie!». Y acto seguido deseó que lo arrancaran a él… de la horrible atmósfera que había creado.

Después de unas risitas nerviosas, la sala se quedó en silencio. Entonces un empleado valiente se levantó y dijo: «No me parece gracioso, precisamente».

Thomas había metido la pata hasta el fondo. Y se dio cuenta inmediatamente.

«Fue un momento de aprendizaje para mí», reflexionó más tarde. Se había dado cuenta de que una respuesta más productiva a la tensión de la sala habría sido hablar abiertamente de lo sucedido, preguntar cómo se sentían todos e intentar reducir la ansiedad del equipo. Pero ya era demasiado tarde para todo eso.

Thomas actuó con rapidez y decisión para rectificar su broma inoportuna. Recapacitó y declaró: «Tiene toda la razón. Lo siento muchísimo». Thomas reconoció que su broma había surgido del deseo de aliviar la tensión, pero que no era el momento —ni la manera— de hacerlo. Sus disculpas fueron sinceras e inmediatas.

¿Cuál fue la respuesta de sus empleados? Uno de ellos intervino: «No pasa nada. Puede volver a empezar si quiere». El resto de los presentes asintieron con la cabeza.

Y eso es lo que hizo. Empezar desde el principio.

La segunda vez inició la reunión con un sincero reconocimiento de lo que suponía la partida de Jackie: el impacto sobre la carga de trabajo y la gratitud que sentía hacia todos los miembros del equipo. Invitó a los asistentes a expresar sus preocupaciones, que escuchó con franqueza y empatía. Y, cuando le pareció oportuno, pasó al orden del día previsto para la reunión.

Recuperarse de una broma fallida es un proceso de tres pasos. El primero es reconocer sencillamente que ocurrió. En segundo lugar, hay que diagnosticar qué falló y, por último, hay que rectificar. Veamos cómo le fue a Thomas.

CICLO DE VIDA DE UNA BROMA FALLIDA

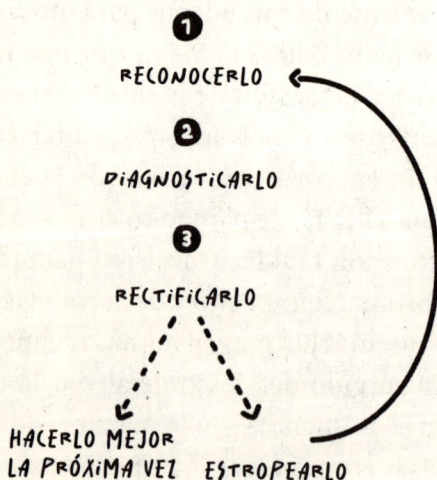

1 RECONOCERLO

2 DIAGNOSTICARLO

3 RECTIFICARLO

HACERLO MEJOR LA PRÓXIMA VEZ · ESTROPEARLO

PRIMER PASO: RECONOCERLO

Thomas es, a todas luces, un ejecutivo brillante y eficiente que no tiene la costumbre de cometer errores en público. Sin embargo, a pesar de sus buenas intenciones, cometió un fallo flagrante. ¿Por qué tantas personas inteligentes, experimentadas y bienintencionadas se equivocan?

Hay tres razones principales por las que es más difícil reconocer las señales de la pertinencia de una broma a medida que se asciende de rango:

1. Los límites de la pertinencia cambian constantemente.

La pertinencia es un objetivo móvil, tanto para cada uno de nosotros según ascendemos en nuestras carreras como para todos colectivamente en cuanto miembros de una sociedad en constante evolución.

A nivel social, el humor es como una prueba de fuego para iluminar los límites culturales del decoro, a menudo empujándolos. Estos límites son muy diferentes de lo que eran hace veinte o treinta años, e incluso hace diez o cinco años. Mira un episodio de *Friends* o *Will & Grace* (o de tu serie favorita de una década anterior) para experimentarlo de primera mano: lo que recordamos como un humor divertido, inocente y juguetón hoy puede tener un saborcillo a insensibilidad, con estereotipos sobre la raza, el género, la sexualidad y la cultura, por citar solo algunos ejemplos deplorables.

A nivel personal, es evidente que no todos los chistes que se hacen alrededor de la mesa durante las comidas tienen cabida en la oficina y, como seres humanos, se nos da bien cambiar de contexto. Lo que es menos evidente es que la pertinencia cambia con el poder; es decir, que las bromas que hacías cuando eras un jefe intermedio pueden no encajar cuando eres el CEO. En una entrevista tras otra, hemos observado a los líderes debatirse con la relación entre su humor y su estatus.

¿Qué tiene esta trampa tan extendida que los líderes en particular caen en ella?

2. A medida que asciendes de estatus, ciertos receptores del humor se vuelven inaccesibles.

Cuando el humor es desde abajo hacia arriba (es decir, te burlas de alguien cuyo estatus es mayor que el tuyo), puedes parecer valiente y confiado. Pero si el humor es desde arriba hacia abajo, si te burlas de alguien de estatus inferior, parecerás un imbécil o un acosador.

«En Google y Twitter, casi siempre hacía humor desde abajo hacia arriba», dice April Underwood, que, tras su paso por estas empresas, se convirtió en jefa de producto de Slack. Al principio de su carrera, su humor podía ser irreverente, a veces señalando sutilmente con el dedo un elefante en la habitación. Burlarse de los miembros más veteranos del equipo la hizo parecer segura de sí misma y, de hecho, la ayudó a ascender de estatus de forma considerable. «Como era una de las personas más jóvenes de la sala la mayoría de las veces, mi sentido del humor me permitía discrepar de mis compañeros restándole importancia a la situación, humanizar a los líderes allí presentes y señalar que tenía su "permiso" para decir la verdad de forma beneficiosa», dice.

Pero en Slack, donde Underwood rendía cuentas directamente al CEO y dirigía un equipo de hasta cien personas, no le quedaba casi ningún sitio donde poder bromear como ella sabía. «Rápidamente me di cuenta de que ese mismo tipo de humor no iba a instaurar la confianza, e incluso podía asustar a los empleados que se sentían intimidados por mí o por mi rol. Sentí que había perdido una herramienta importante que me había permitido llegar hasta aquí. Tuve que descubrir lo que era el humor para mí como la jefa de la sala. Sigo trabajando para descubrirlo».

A menudo, «el humor desde arriba» se vuelve autoirónico. Esto es así porque, cuando asciendes en la jerarquía y te burlas de otra persona, hay más probabilidades de que la burla sea «desde arriba hacia abajo».

Al mismo tiempo, para los líderes, la autoironía es una forma de demostrar que confían lo bastante en sí mismos como para reírse de sus defectos. La autoironía en los líderes no solo proyecta humildad y los hace más cercanos y accesibles, sino que además puede reforzar su estatus y su poder.[1]

(Nota: a la inversa, cuando las personas de estatus inferior utilizan la autoironía es posible que disminuya la percepción de su estatus, porque los demás podrían interpretar la autoironía como inseguridad.[2] Así que la regla general es: a medida que asciendes en la jerarquía, búrlate menos de los demás y más de ti mismo).

UN TIPO DIFERENTE DE ESCALERA CORPORATIVA

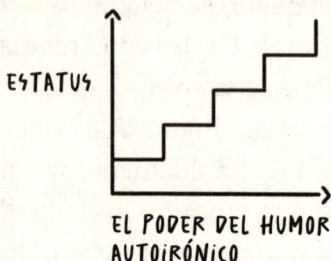

ESTATUS

EL PODER DEL HUMOR
AUTOIRÓNICO

3. Cuanto más estatus y poder adquieres, más difícil te resulta permanecer calibrado.

Estamos acostumbrados a utilizar la risa de los demás como barómetro del éxito (y de la pertinencia) de nuestro humor. Pero, a medida que ganamos poder y autoridad, este barómetro pierde precisión. Así es, la risa y la jerarquía social están inextricablemente unidas.

Para ilustrarlo, veamos el siguiente chiste:

> Dos panqués se están cociendo en un horno. Uno de ellos grita: «¡Vaya, qué calor hace aquí!». Y el otro responde: «¡Caramba! ¡Un panqué que habla!».

Un grupo de psicólogos sociales, Tyler Stillman, Roy Baumeister y Nathan DeWall, de la Universidad Estatal de Florida, contó este chiste malo típico de padre a dos grupos de inocentes participantes, llevando a uno a sentirse superior al entrevistador y al otro a sentirse subordinado. En el estudio, era mucho más probable que el chiste provocara risas entre los «subordinados».[3]

Por supuesto, es lógico que apaciguar al patrón sea un movimiento estratégico (y una táctica de supervivencia para nuestros primeros ancestros). Sin embargo, como criaturas sociales que somos, no nos reímos solo por el deseo consciente de congraciarnos con los demás; es más complejo que eso. Lo sabemos porque los investigadores realizaron el mismo experimento con un nuevo grupo de desafortunados sujetos, pero esta vez los participantes escucharon el chiste a través de un video pregrabado, de manera que sabían que el autor del chiste no podía ver ni oír sus reacciones. También en este caso, los participantes que creían que el autor del chiste tenía un estatus superior fueron más proclives a reírse,[4] incluso si el autor del chiste no tenía forma de saber quién se había reído y quién no.

En resumen, cuando se hace un chiste desde arriba, la risa de la gente suele producirse menos como una reacción al chiste en sí que como una reacción al estatus y la jerarquía. Puede que seas gracioso, o puede que solo seas el jefe.* Como dice Steve Reardon: «Ser CEO me

---

(*) Fundido a negro: una mujer termina su brindis en una fiesta de fin de año de empresa. Cuando las carcajadas resuenan en el bar, se voltea hacia el objetivo y guiña un ojo a cámara lenta, mientras el familiar tintineo de la fiesta se va apagando. «Puede que haya nacido con ello. Puede que solo sea la jefa».

abrió los ojos a la realidad de que la gente se reirá de cualquier tontería que sueltes». Por eso puede que a los líderes les resulte extremadamente difícil calibrar con precisión el impacto de su humor.

¿SOY GRACIOSO?

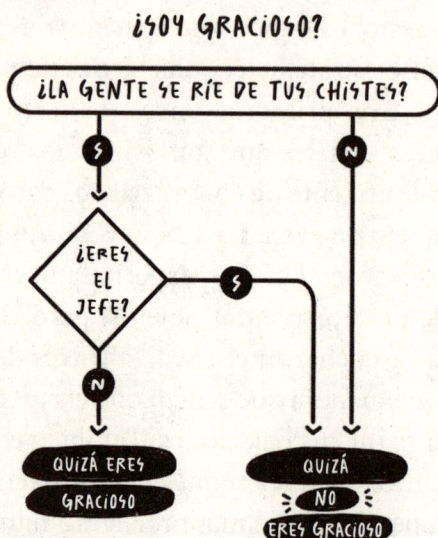

¿LA GENTE SE RÍE DE TUS CHISTES?

¿ERES EL JEFE?

QUIZÁ ERES GRACIOSO

QUIZÁ NO ERES GRACIOSO

En el caso de Thomas, el silencio sepulcral fue la primera señal clara de su humor fallido (la segunda fue cuando alguien se lo dijo literalmente a la cara). Tuvo suerte de que su organización aún fuera pequeña y relativamente poco jerárquica, de modo que, si bien su broma fue recibida con algunas risitas nerviosas al principio, el grupo superó rápidamente la diferencia de estatus para revelar una respuesta sincera.

Por desgracia, las señales que recibimos no son siempre tan claras. Y, al igual que es difícil percatarse de la propia inconsciencia, a falta de datos externos, también podemos ser completamente ajenos al hecho de que nuestro humor cruzó una línea que no debía. Si nadie te hace comentarios sinceros, ¿cómo esperas adaptarte?

Cuando le preguntamos a Seth Meyers qué consejo daría a nuestros estudiantes, nos respondió que aprender a reconocer esta diferencia: «He aprendido a detectar la diferencia entre las veces en que me río de verdad y las veces en que me río por educación. Cuanto antes aprendas a reconocerlo en ti mismo, antes sabrás reconocerlo en los demás».

En resumen, hay varias formas de reconocer un caso de humor fallido: lo sabes porque alguien dice algo, o porque nadie se ríe, o porque todo el mundo se ríe, pero tú eres lo bastante prudente como para controlarte (y controlar tu estatus). El aprendizaje que podemos sacar de esto es que hay que ser consciente de la dinámica del estatus en juego y no dar por sentado que las risas provocadas son sinceras.

Segundo paso: diagnosticarlo

Metiste la pata hasta el fondo. ¿Y ahora qué? Vale la pena tomarse un momento para averiguar por qué falló el humor.

En el caso de Thomas, el problema es doble. En primer lugar, no supo interpretar la sala. No supo calibrar correctamente si era el momento adecuado para hacer reír a la gente ni qué sentimientos les produciría el chiste: una falta de empatía tanto como de humor. Si se hubiera tomado un momento para comprobar el estado emocional de sus compañeros, probablemente se habría dado cuenta de que nadie estaba de humor para reírse de la partida de Jackie.

En segundo lugar, hizo una broma desde arriba hacia abajo, burlándose de alguien de rango inferior desde su posición de poder. Dada la relación entre el humor y el estatus social, todo el mundo —y los líderes en particular— deben tener cuidado con esta clase de humor.

LAS REGLAS TÁCITAS DE SER EL JEFE

LAS COPAS

A MI CUENTA

LAS BROMAS

Por supuesto, no saber interpretar al público ni la estructura jerárquica existente, como le pasó a Thomas, no es la única manera de fracasar en el humor. Veamos otros errores comunes a los que conviene prestar atención:

- **Saber qué chistes no se pueden contar.** Al igual que algunos estudiantes se preguntaron si el anuncio de *Cartas contra la humanidad* lo habían escrito mujeres, es preferible dejar algunos chistes para los más afectados por el dolor y la distancia. En 2016,

Late Night with Seth Meyers añadió un segmento sencillo pero profundo que se llamaba «Chistes que Seth no puede contar». El segmento comienza con Meyers sentado entre dos de sus brillantes guionistas, y arranca así: Amber Ruffin: «¡Soy negra!». Jenny Hagel: «¡Soy gay!». Ruffin: «¡Y las dos somos mujeres!». Meyers: «…, ¡y yo no lo soy!». A continuación, Ruffin y Hagel sueltan los remates de chistes que, en palabras de Meyers, «a mí me resultaría difícil contar por mi condición de hombre blanco heterosexual». El humor identitario siempre es arriesgado y por eso sería inteligente seguir lo que *The Moth* estableció como regla número uno para sus eventos *storyslam*:* no conviertas la identidad de otra persona en un accesorio, una línea argumental o un remate. *En resumen: puede que tu humor haya fracasado porque no eras tú quien debía hacer el chiste en primer lugar.*

- **Ojo con el medio.** Las cosas no tienen el mismo impacto cuando se cuentan en persona o en un mensaje de texto. Aunque parezca evidente, la mayoría de las personas es más torpe de lo que cree a la hora de cambiar de medio. En un experimento de investigación realizado por Justin Kruger,

---

(*) A pesar de su nombre, el *storyslam* no se parece en nada a un evento de la WWE, sino más bien a una noche de micrófono abierto para contar historias. Aunque sería adorable que, durante un evento en horario estelar de la WWE, Brock Lesnar sacara un libro en lugar de una silla plegable y contara a todo el mundo una historia desgarradoramente bella sobre el amor, la pérdida y los músculos lumbares.

Nicholas Epley, Jason Parker y Zhi-Wen Ng, se pidió a los participantes que enviaran un correo electrónico concebido para evocar un tono emocional concreto y que después valoraran hasta qué punto estaban convencidos de que el destinatario interpretaría este tono con certeza.[5] ¡Sorpresa! Los participantes confiaron demasiado en que su sarcasmo se entendería. *En resumen: puede que tu humor haya fracasado porque su sentido se perdió en el centro.*

- **Cambio de contexto.** Ni que decir tiene que el humor depende del contexto; los chistes que funcionan en la sala de tu casa no funcionarán necesariamente en la sala de juntas de tu oficina. En el trabajo no hay que salirse de la categoría «no apto para menores de 13 años». Eso significa *The Avengers*, *Jumanji* y *Guardería de papá*. Si estás en el trabajo, no lo sueltes a menos que imagines a Arnold Schwarzenegger contándoselo a un grupo de niños de cinco años. *En resumen: puede que tu humor haya fracasado porque no supiste cambiar de contexto.*

- **Evitar la trampa del humor personal.** En el capítulo 1 exploramos cuatro grandes tipos de humor. Si te encuentras en el lado agresivo del espectro, lo que tú consideras una broma que puede reforzar la intimidad puede ser hiriente u ofensiva para otra persona. Si estás en el lado afectuoso, puede que (como Thomas) hayas utilizado el humor para distender el ambiente cuando no debías. *En resu-*

men: puede que hayas fracasado porque caíste en una trampa de tu estilo.

Ya sea porque no sabemos interpretar la sala, porque bromeamos desde arriba hacia abajo, ganándonos un fiasco (cuando no deberíamos), o porque cometemos alguna de las numerosas metidas de pata descritas, todos erraremos el tiro tarde o temprano. ¿Es eso profundamente desagradable? Sí. Pero también ocurrió en el pasado. Lo que significa que hasta que la ciencia no haya descubierto la manera de viajar en el tiempo, no podemos cambiarlo. Lo único que podemos hacer es aprender de nuestros errores e intentar hacerlo bien la próxima vez.

Tercer paso: hacerlo bien

Nancy Lublin, antigua CEO de DoSomething.org, nos dio un sabio consejo sobre lo que conviene hacer después de un fracaso humorístico: Cuando te pases de la raya, saca la hidrolavadora.

La metáfora procede de una experiencia personal que Lublin vivió hace años y se le quedó grabada. Era la víspera de su último día en DoSomething.org, y Lublin quería tener un gesto público con su personal para demostrarles lo mucho que los apreciaba. En lo que ella consideró una broma inocente, mandó hacer grandes plantillas que decían cosas como «gracias por ser increíble» y «así es un líder», y luego ella y algunos miembros de su equipo condujeron por Brooklyn, Queens y Manhattan, parando en las casas de cada uno de sus compañeros de trabajo para grafitear estas frases en la banqueta, junto con flechas a las casas de cada uno de sus empleados. El objetivo era comunicar gratitud y admiración, pero Lublin no tuvo muy en cuenta las repercusiones.

A Mike, uno de sus empleados, no le hizo mucha gracia. Su casera era muy exigente con la propiedad y se enorgullecía de mantenerla en buen estado; además, vivía en el piso de arriba. A Mike le preocupaba sinceramente que su casera viera la pintura de Lublin antes de tener tiempo de ir a comprar los productos necesarios para quitarla. Cuando Lublin se enteró, se sintió muy avergonzada. Tras disculparse de manera profusa con Mike, se puso manos a la obra. Buscó un contratista en Brooklyn con una hidrolavadora y disponibilidad para limpiar la banqueta de Mike ese mismo día, y se puso en contacto con otros empleados para preguntarles si también querían limpiar los grafitis. El contratista estaba tan acostumbrado a borrar cosas obscenas que, cuando llegó a casa de Mike y vio para qué lo habían contratado, rio a carcajadas y le rebajó la mitad del precio a Lublin. Dijo que nunca había limpiado «palabras de amor». Al final del día, la banqueta estaba limpia. Lublin se había disculpado no solo con palabras, sino también con hechos. Años más tarde comprendió que aquel momento de falta de perspicacia había sido una lección importante.

Cuando el humor falla u ofende, puede ser tentador pensar que el problema lo tiene el otro («no entendió la broma» o «es demasiado susceptible») en lugar de pararnos a reflexionar por qué podría ser un problema nuestro. En momentos así, analiza las circunstancias: confía en la reacción del otro, comprende y reconoce tu error, reflexiona sobre tus puntos débiles y corrígelos. No te contentes con disculparte, saca la hidrolavadora.

CÓMO DISCULPARSE
(POR UN MAL CHISTE Y NO SOLO)

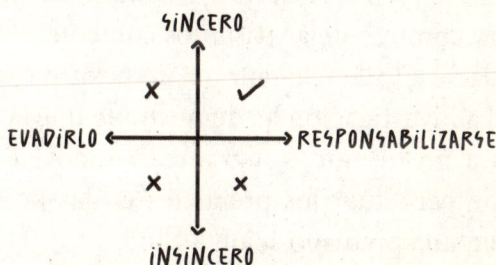

SINCERO

✗   ✓

EVADIRLO ←————→ RESPONSABILIZARSE

✗   ✗

INSINCERO

Los peligros de los superpoderes: una conclusión

Si crees, como nosotras, que el humor es un superpoder, te instamos a que recuerdes lo que todas las películas de Marvel nos enseñan: que un gran poder puede usarse para el bien… o, con la misma facilidad, para el mal.

No pretendemos insinuar que puedas ser malvado. Por supuesto, nadie (excepto quizá el Doctor Doom) se levanta por la mañana diciendo: «Hora de hacer el mal».

Sin embargo, vale la pena insistir en ello: es importante reconocer y rectificar el humor fallido. Pero reconocer el humor despectivo es fundamental, no solo para ti como individuo, sino para todos nosotros como sociedad.

Es evidente que el humor racista, sexista y lleno de prejuicios es cruel, ofensivo e inequívocamente inapropiado, ya sea en el trabajo o en cualquier otro lugar. Y, sin embargo, la mayoría de nosotros hemos vivido momentos en los que el humor ha sobrepasado los límites, en los que alguien ha justificado un comentario de mal gusto con un «solo era una broma» o un «pues claro que no lo pienso en serio». Y aunque pueda parecer más fácil y cómodo dejar pasar los comentarios de este tipo, quedarse en silencio entraña un peligro real.

La investigación ha demostrado que la mera exposición a un humor denigrante, basado en la identidad, puede perpetuar los prejuicios en las personas que ya tienen una predisposición a ello.

Según un estudio realizado por los investigadores Robyn Mallett, Thomas Ford y Julie Woodzicka, cuando los hombres que (en pruebas anteriores) habían demostrado tener opiniones sexistas* escuchaban una se-

---

(*) En la nota a pie de página menos divertida de este libro, permítenos desarrollar el tema. Estos hombres obtuvieron resultados altos en lo que se llama «sexismo hostil» en el Inventario del sexismo ambivalente, lo que significa que indicaron estar de acuerdo con afirmaciones como «El mundo sería un lugar mejor si las mujeres apoyaran más a los hombres y los criticaran menos», «Una esposa no debería tener mucho más éxito profesional que su marido» o «Hay muchas mujeres que se divierten provocando a los hombres; fingen que están sexualmente disponibles y luego rechazan sus insinuaciones».

rie de chistes neutros o una serie de chistes sexistas,* quienes escucharon los chistes sexistas —en comparación con quienes escucharon los chistes neutros— hicieron prueba de una mayor tolerancia con el acoso sexual en el trabajo y de menos remordimientos cuando les pidieron que imaginaran que habían acosado personalmente a una mujer.[6] En un estudio similar realizado por los investigadores Thomas Ford, Christie Boxer, Jacob Armstrong y Jessica Edel, los hombres sexistas que vieron números cómicos sexistas recomendaron más recortes de fondos para una organización de mujeres que para otras organizaciones estudiantiles de su universidad en comparación con los que vieron comedias no sexistas.[7] Los resultados son similares cuando el humor denigrante se centra en cuestiones de raza, orientación sexual y otros aspectos de la identidad.

En pocas palabras, el humor denigrante no se limita a forzar los límites o poner de relieve las divisiones, sino que puede perpetuar los prejuicios e influir en el comportamiento de quienes los tienen. Exacerba las divisiones.

Pero ¿qué pasa con el anuncio de *Cartas contra la humanidad para ella*? Totalmente sexista. O el artículo «Secuestradores sorprendidos por encontrarse en el infierno», del número de *The Onion* dedicado al 11-S, que se apoya en percepciones erróneas sobre la fe islámica. ¿Son una fuente de división o utilizan el humor como

---

(*) Tales como: «Un hombre y una mujer estaban atrapados en un ascensor y sabían que no iban a salir con vida. La mujer se voltea hacia el hombre y le dice: "Haz que me sienta como una mujer antes de morir". Él se quita la ropa y le dice: "¡Dóblala!"». Sí, lo sabemos.

herramienta para destacar lo absurdos que son ciertos estereotipos?

La línea no siempre es clara. Al fin y al cabo, la diferencia no se reduce solo al autor de la broma, sino también al público y a la razón por la que se ríe. En otras palabras, ¿la gente se ríe de la evidente y deliberada ridiculez de la situación (es decir, de la incongruencia entre la realidad y lo que se dice) o se ríe porque cree que los estereotipos son ciertos?

El peligro de esta tensión viene de lo que Sarah Silverman llamó la risa con la «boca llena de sangre» (o lo que el fundador de *The Onion*, Scott Dikkers, nombró en la misma línea la «risa de sangre»): la risotada de alguien del público que interpreta tu chiste de mal gusto no como una crítica o un comentario sobre algún insulto o estereotipo aborrecible, sino como una aprobación del mismo. Este es un riesgo real que forma parte de los gajes del oficio, y por eso hacemos bien en prestar atención a la regla número uno de *The Moth* para sus eventos *storyslam*: no hagas de la identidad de otra persona un accesorio, una línea argumental o un remate.

Esto no quiere decir que debamos tener miedo a utilizar el humor por temor a las repercusiones. (Todo lo contrario, como esperamos que hayas deducido de los capítulos previos que ilustran el potente poder del humor). Más bien, es nuestra responsabilidad navegar por estas zonas grises con tiento. Debemos estar atentos a los cambios culturales y personales, reconocer y rectificar los errores y comprender el impacto de nuestro humor, sobre todo cuando se utiliza como la poderosa herramienta que es para arrojar luz sobre cuestiones de injusticia social. Por retomar las palabras de Luvvie Ajayi, autora *bestseller* (y autoproclamada alborotadora profesional): «Tenemos que sentirnos cómodos con la incomodidad que nos produce decir verdades difíciles cuando son necesarias». Presta atención a las conversaciones incómodas cuando oigas un sentido del humor que cruza una línea, buscando la empatía, la concienciación y el cambio.

En resumen: un gran sentido del humor implica una gran responsabilidad.

Utilízalo para bien.

CAPÍTULO 7.5
POR QUÉ EL HUMOR ES UN ARMA SECRETA EN LA VIDA

El sentido del humor es una armadura necesaria. La alegría en el corazón y un poco de risa en los labios es señal de que en el fondo de sí misma la persona entiende bien la vida.

HUGH SIDEY

Has llegado al final de este libro. Ahora ya sabes (o eso esperamos) cómo insuflar humor y levedad a tu vida profesional, y por qué es tan importante hacerlo. Pero esta es la cuestión: una vez concluida la jornada laboral, vuelves a casa, a tu vida plena, bonita y complicada. ¿Y entonces qué?

Como ya sabrás, Jennifer se ha pasado las dos últimas décadas investigando los motores del bienestar humano: ¿cómo dan las personas sentido a su vida? ¿En qué se diferencia el sentido de la felicidad? Y, en definitiva, ¿cómo se concibe una vida bien vivida?

Gran parte de ese trabajo se inspiró en los lamentos de los moribundos. ~~El interés~~ La preocupación de Jennifer por la muerte comenzó pronto; su madre es voluntaria en centros de cuidados paliativos desde hace casi cuarenta años y Jennifer creció escuchando historias alrededor de la mesa sobre las personas a las que su madre ayudaba y sobre sus deseos en sus últimos días de vida.*

Al escuchar los deseos que la gente expresa en sus últimos días, empezó a darse cuenta de que se agrupan en torno a unos pocos temas recurrentes: la audacia, la autenticidad, la presencia, la alegría y el amor.

Gracias a nuestro trabajo conjunto de los últimos seis años, hemos descubierto que el humor y la levedad son herramientas especialmente poderosas para cumplir cada uno de estos deseos y, por lo tanto, para contribuir a una vida bien vivida.

No nos malinterpretes: nos importa que te conviertas en un titán empresarial. Nos importa tu cuenta de resultados. Nos importan incluso tus beneficios.** Pero nos preocupamos más por ti como persona. Nos importa más la posibilidad de que utilices los conceptos de este libro para vivir una vida mejor y más satisfactoria (que algún día concluirá sin lamentos, o al menos con menos lamentos).

(*) «Somos lo que se dice una familia superdivertida», Jennifer.

(**) Nota: para nada.

Es así como terminamos nuestro viaje juntas, fusionando estas dos vertientes diferentes, pero profundamente conectadas de nuestro trabajo: la levedad y la vida bien vivida. En los dos casos, la audacia, la autenticidad, la presencia, la alegría y el amor florecen.

Audacia: «Me hubiera gustado vivir sin tantos temores»

El miedo nos impide tomar decisiones valientes que pueden definir nuestra vida. Por eso, para vivir con más audacia, primero debemos enfrentarnos al miedo. Es lo que hace el humor; no por hacernos más valientes o intrépidos, sino por abrirnos al cambio y a las posibilidades. El humor nos insufla la audacia necesaria para asumir mayores riesgos y nos ayuda a recuperarnos con más rapidez de los contratiempos, para que podamos sacudirnos el polvo y volver a empezar.

No soy graciosa.
Lo que soy es valiente.

LUCILLE BALL

*Autenticidad: «Me habría gustado vivir
una vida fiel a mí mismo»*

Cumplir o superar las expectativas de los demás puede ser una fuente de orgullo embriagadora. Pero cuando concentramos demasiada energía en alcanzar un resultado o la imagen de cierta versión de nosotros mismos, podemos perder nuestras referencias por el camino. El humor nos permite compartir partes de nosotros mismos que son arriesgadas, poco convencionales y auténticas, desplazando así las expectativas de los demás hacia otras que sean más verdaderas personalmente, y proporcionando la perspectiva necesaria para perder el interés en las que no importan.

> No pierdas el tiempo intentando
> cambiar las opiniones.
> Haz lo que tengas que hacer y
> no te preocupes de si gustan o no.
>
> TINA FEY

Presencia: «Me hubiera gustado pararme a apreciar más el momento presente»

El humor es una elección que exige observar atentamente el desarrollo de la vida, escuchar a quienes nos rodean y estar presentes en el momento. Estamos hechos para reflexionar sobre nuestro pasado e imaginar el futuro; el humor nos ayuda a recordar que el día a día es nuestra vida, tal como se va desarrollando. Al incitarnos a buscar verdades ocultas en cada instante y a mirar a las personas y las situaciones bajo una nueva luz, el humor engendra presencia.

La última vez no existe.
Solo existe esta vez…
Solo existe el ahora.

BILL MURRAY

Alegría: «Me hubiera gustado reírme más
y no tomarme tan en serio»

La alegría no es un feliz accidente, sino una elección que hacemos: algo que nos permitimos buscar y encontrar. Se trata de ser más generoso con la risa y encontrar momentos agradables durante el día. Cuando no te tomas demasiado en serio, te ríes sin esfuerzo. Y es entonces cuando brota la alegría.

Haz cosas que te hagan feliz
dentro de los límites del sistema jurídico.

ELLEN DEGENERES

Amor: «Me hubiera gustado tener la oportunidad
de decirte "te quiero" una vez más»

Donde hay amor, el humor no anda lejos. Existen pocos actos tan sencillos y generosos como compartir unas risas con alguien: estos momentos, aunque fugaces, son pequeñas expresiones de amor. Y, al acelerar el camino hacia la confianza y la sinceridad, las relaciones se fortalecen. Cuando la risa atraviesa las tensiones y las divisiones para forjar vínculos, el humor y la levedad favorecen el amor.

* * *

La audacia, la autenticidad, la presencia, la alegría y el amor: cuesta imaginar objetivos vitales más gratificantes. Y por suerte para nosotras (y para nuestros lectores), cada uno de ellos está profundamente ligado al humor. Por eso creemos firmemente que una vida que tiene un propósito y un sentido es una vida llena de risa y levedad.

Según mi experiencia,
solo servirás de verdad a lo que amas.
Si amas a tus amigos, servirás a tus amigos.
Si amas a la comunidad, servirás a tu comunidad.
Si amas el dinero, servirás al dinero.
Y si solo te amas a ti mismo, solo te servirás a ti mismo,
y solo te tendrás a ti mismo.

STEPHEN COLBERT

El final (de este libro)

Agradecemos que estés llegando al fondo de las cosas con nosotras. Agradecemos que estés vadeando estas pesadas meditaciones sobre la muerte y una vida bien vivida, especialmente para aquellos que hayan abierto nuestro libro esperando encontrar páginas y páginas de juegos de palabras y pollos de hule.

Recuerda: tanto en el trabajo como en la vida, el humor empieza con el cambio de mentalidad más sutil. Empieza con el movimiento.

Así que empieza a moverte.

Busca con atención chispas de levedad en los recovecos de tu experiencia cotidiana (te prometemos que están ahí). Busca las invitaciones de tu cónyuge, tu compañero de trabajo o tu cajero para participar y jugar.

Y, cuando veas esas chispitas, en lugar de mirar tu teléfono, dales oxígeno: avívalas hasta convertirlas en llamas, sígueles el juego y aprovéchalas. Para que se propaguen y se multipliquen y les den calor a tus compañeros y a los seres queridos que te rodean. Incluso en los momentos de oscuridad. Especialmente en esos momentos.

Ahora imagina que todo el mundo tuviera esta actitud. Imagina que todo el mundo buscara estas chispas y pasara más tiempo caminando por la vida al borde de una sonrisa. Imagina ese mundo. (Ahora, creémoslo).

Gracias por acompañarnos en este viaje. Y para que luego no nos arrepintamos de no haberlo dicho: te queremos.

(A MODO DE) EPÍLOGO
Una conversación con Michael Lewis

MICHAEL: Bueno, pues para este epílogo creo que deberían romper el molde de los epílogos y hacerlo de otro modo.

JENNIFER: ¡Sí! Somos antimoldes; totalmente a favor de romperlos. ¿Qué modo se te ocurre?

MICHAEL: No se rompan mucho la cabeza y digan: «Vamos a terminar nuestro libro entrevistando a alguien sobre nuestro libro». Porque ¿quién hace eso al final de su libro?

NAOMI: Estás loco. Nos encanta. ¿Algún otro consejo antes de empezar?

(Michael permanece callado un rato… y luego señala los dos rincones de la sala de Naomi).

MICHAEL: Yo movería a la izquierda esa planta que está a la derecha, y movería la de la izquierda a la derecha.

NAOMI: Te va a parecer una locura, pero es lo que hago todas las noches antes de irme a la cama y, cuando me levanto por la mañana, han vuelto otra vez a su sitio.

* * *

Pues lo vamos a hacer de este modo. Vamos a terminar nuestro libro entrevistando a Michael Lewis sobre nuestro libro. Porque ¿quién hace eso? Esta es la entrevista y la hacemos a modo de epílogo.

JENNIFER: En el libro hablamos (mucho) del papel que el humor —y más generalmente la levedad— pueden desempeñar en nuestro trabajo y en nuestra vida. ¿Qué papel dirías que el humor y la levedad han desempeñado en tu vida?

MICHAEL: Mi planteamiento es divertirme siempre. La mayoría de las cosas enriquecedoras de mi vida, incluso si son difíciles, también es muy divertida. Por lo general, cuando no me siento en sintonía con mi propia vida —cuando siento que no estoy viviendo como es debido— es cuando menos me divierto. Una de las formas que tengo de asegurarme de que estoy viviendo la vida como debería es: si noto largos periodos sin humor de ningún tipo, sé que algo va mal. Es como cuando estás en el bosque y de repente sientes que te van a comer. Sabes que algo va mal. Así que me paro intencionadamente, tomo conciencia de ello e interrumpo lo que sea que esté pasando.

JENNIFER: ¿Es el humor una constante en tu vida diaria?

MICHAEL: Lo es. Pero la cuestión es la siguiente. El humor no es una categoría en sí misma, es algo que penetra el resto de las categorías, en vez de limitarse a ese pequeño club de la comedia que tienes en la cabeza. Es como la sal en la comida de los aviones: lo mejora todo. Tiene cabida en todas partes y no solo al principio de una presentación de PowerPoint.

Creo que la mayoría de la gente que abra este libro será gente que se diga «necesito ser gracioso». Pero descubrirán que eso no es lo que necesitan. Lo que necesitan es introducir un espíritu totalmente diferente en su vida. Puede que tengan la impresión de estar perdiéndose algo, o de que levantan muros entre ellos y los demás, ya sea de manera consciente o inconsciente. Y este es un libro que puede ayudar a la gente a superar eso y derribar esos muros.

NAOMI: Antes nos comentaste que el tema del humor te intriga desde hace tiempo. ¿Qué fue lo que suscitó tu interés?

MICHAEL: Una de las primeras cosas que pensé cuando oí hablar de su trabajo sobre el humor fue: «¡Qué divertida ineficiencia por explorar!».* Eso es algo que me encanta de este concepto, la forma en que se posicionan contra esa idea de que o lo tienes o no lo

***

(*) Nota de las autoras: «divertida ineficiencia».

tienes. La mente se rebela contra la idea de que es algo que se puede enseñar, porque parece algo que surge espontáneamente en una conversación. Y parece algo natural, no aprendido. La única vez que sentí que era una habilidad que se podía enseñar fue cuando fui a Second City a aprender improvisación.

JENNIFER: ¿Qué te incitó a seguir un curso en Second City, a pesar de que tu espíritu se rebelaba contra esa idea?

MICHAEL: Pues, en aquella época, mi hija de dieciocho años tendría ocho. Y era insoportable a esa edad. Era negativa con todo. No podías darle nuevos alimentos, tenía tendencia a rechazar cualquier cosa que le propusieras. Pensé que su vida era lo opuesto a la improvisación. Y me dije que, si conseguía introducir un poco de «Sí, y» en su vida, eso cambiaría las cosas a mejor. Así que la inscribí en un curso de dos días para niños, mientras yo asistía a otro para adultos que se impartía al mismo tiempo. Recuerdo que salí a comer después de tres horas de clase y estaba empapado en sudor. Fueron las tres horas de mayor pánico que viví en mi vida. Fue muy duro. Mi hija, en cambio, salió de su curso con una gran sonrisa y me dijo: «¡Fue muy divertido! ¡Fue muy fácil!». Y me dije: «Esta es la diferencia entre los niños y los adultos». No te das cuenta de lo rígido que eres de mentalidad hasta que te ves forzado a encontrarte en esa situación. Incluso hoy, intento recordarlo de vez en cuando y reaccionar en el mundo como lo harías en una escena de improvisación.

NAOMI: Una de las cosas que más me gustan de esta historia es que pones el foco en la actitud, en estar en el mundo de otra manera. Una vez hiciste un experimento propuesto por Dacher Keltner, que consistía en escribir tres cosas divertidas al final de cada día. Y, aunque eres una persona que busca constantemente divertirse en la vida, dijiste que, cuando tuviste que sentarte a escribir lo que era divertido, la cosa se volvió más complicada. Cuando te paraste a buscar algo específico, fue casi como si hubieras perdido la magia. Entonces, ¿cómo concilias estas dos cosas? ¿Cómo encuentras más humor en tu vida sin buscarlo?

MICHAEL: Es verdad, en el momento en que tuve que escribir las cosas en un papel, aquello se convirtió en una limitación. Las cosas que escribía me parecían menos divertidas. Se me hizo tan difícil que el último día le pedí a mi hija de diecinueve años que me hiciera una lista de todas las cosas divertidas que se le ocurrieran, para poder robárselas.

Es un poco como pasa con este libro. Haces un zoom hacia atrás y te dices: «Pero, en el fondo, no se trata de ser gracioso». Aprendiste todas estas cosas, ahora mantén su ligereza y cambia tu actitud frente al mundo. No te esfuerces demasiado, no te centres en el resultado. Si cambias tu actitud en este aspecto, tu vida será mejor y más rica en el resto de ellos. Y eso es totalmente cierto. Hay un libro que se titula *El juego interior del tenis*, de Timothy Gallwey, que marcó el comienzo del entrenamiento del juego interior en la década de 1970. El libro puede resumirse así en tres frases: este entrenador de tenis dejó de decirle a la gente cómo golpear la pelota de tenis. Les dice que se concentren en sus músculos centrales, en su respiración, o en algo más que la manera de golpear la pelota de tenis. Céntrate en algo que sea importante, como lo que ellos hacen con su cuerpo, no en el resultado.

Si «ser gracioso» es un resultado y te centras demasiado en ese resultado —como si estás muy metido en tu cabeza y empiezas a centrarte en la trayectoria de la pelota—, puedes perder el hilo. Tu mente encontrará algo en lo que centrarse. Es mucho mejor no centrarse en ser gracioso. Deja que el humor surja de forma natural.

JENNIFER: Es decir, centrarte más en divertirte que en ser gracioso. ¿Siempre has tenido este sistema de creencias?

MICHAEL: Sí, diría que es la actitud que tenía la gente donde yo crecí, en Nueva Orleans. La gente de allí decía que no es importante ser gracioso; lo importante es que la gente sienta que tu compañía es divertida. Y hay muchas maneras de producir esa sensación de «oye, amigo, me encanta estar contigo». Pero esto me hace mejor, hace que mi trabajo sea mejor. Muchas veces descubro que, si yo no me divierto con un libro, un pódcast o un guion, el público tampoco se divierte. La gente no quiere una vida aburrida, ni siquiera una conversación aburrida. Simplemente tienen aversión al riesgo. Si creas un entorno donde no hay razones para tener miedo, de golpe las cosas se relajan.

Naomi: En los momentos de tu vida en los que sientes que no te diviertes —cuando estás en el bosque, a punto de que te coman—, ¿qué haces?

Michael: Cuando he tenido esos momentos, ese presentimiento de que, hombre, esto se volvió tedioso durante cierto tiempo, lo que hago normalmente es causar problemas de alguna manera. Les doy un ejemplo. El otro día, mi mujer, mis hijos y yo estábamos a punto de sentarnos a comer, y yo tenía la sensación inquietante de que las cosas iban mal, porque mis hijos se estaban peleando. A todo esto, he ido a clases de canto. Yo no canto, pero voy a esas clases que implican una formación vocal, y hacemos verdaderas virguerías con la voz para ampliar sus registros. Entonces, cuando estábamos a la mesa, mientras mis hijos se peleaban, me puse a cantar. En voz alta. Haciendo esos ejercicios vocales que son de locos. Me habían oído hacerlo de lejos y como que les da un poco de miedo, así que comprendieron al instante lo que estaba haciendo y dejaron de reñir de inmediato. Fue muy raro. Pero funcionó.

Utilizar el humor es como encender un fuego. Hace frío y está oscuro, quieres conseguir que el espacio donde estás se encienda y tenga más luz. Así que te tomas tu trabajo para conseguirlo. Y, mientras haya amor detrás de ese trabajo, es divertido. Si te acostumbras a hacer que tu vida sea divertida, si vas por la vida creyendo que así es como debe ser, cuando no lo sea te darás cuenta. Llevo tanto tiempo divirtiéndome que no puedo imaginar una vida sin diversión. Pero lo contrario también es cierto. Si te acostumbras a que la vida no sea divertida, empezarás a no darte cuenta, porque es a lo que estás acostumbrado.

JENNIFER: Una última cosa antes de terminar. Al final del libro hablamos de la relación entre el amor y el humor, de que compartir una risa es una pequeña expresión de amor. ¿Has comprobado si es así en tu vida? Por favor, dinos que sí.

(Desliza un billete de 100 dólares por la mesa)

MICHAEL: Sí. La emoción en general es una fuente de humor, ya se trate de amor, de odio o incluso de tristeza. La emoción te empuja a prestar mucha atención a algo. Pero el amor en particular crea un espacio muy emocional. El verano pasado me pidieron que pronunciara un elogio fúnebre en un entierro, algo que nunca había hecho. Así que pedí consejo a alguien que había pronunciado muchos elogios fúnebres: «Que sea sencillo». En esta clase de situaciones, las frases sencillas quedan grabadas en la memoria de la gente. Y cuando haces esas declaraciones sencillas y eres sincero, refuerzas las emociones de todo el mundo. Durante el funeral dije que quería a mi amigo, expliqué por qué lo quería y conté anécdotas de los dos. Y aquí y allá añadí un poco de humor para que las cosas no quedaran demasiado pesadas. Pero no me di cuenta de que todo se tomaba diez veces más a broma de lo que era en realidad, porque la gente ya estaba en ese espacio muy emocional. Así que yo diría que, si el amor está presente, el humor no anda muy lejos.

MINICUESTIONARIO SOBRE LOS ESTILOS DE HUMOR

Las siguientes preguntas son una forma rápida de hacerse una idea de cuál es el estilo de humor que más se acerca al tuyo. Para responder al cuestionario completo sobre los estilos de humor y saber más sobre el tuyo y el de otras personas, visita humorseriously.com.

Primer paso

Lee cada afirmación y puntúate del 1 al 5, donde 1 = «totalmente en desacuerdo» y 5 = «totalmente de acuerdo».

1. Mi sentido del humor es edificante y sano; soy generoso con la risa.
2. Cuando digo algo gracioso, suelo hacerlo sonriendo o riendo.

3. Otros describirían mi humor como animado, a veces payaso.

4. Mi sentido del humor es oscuro y mordaz; tienes que ganarte mi risa.

5. Cuando digo algo jocoso, suelo hacerlo con cara seria.

6. Otros describirían mi humor como seco y sarcástico, un gusto adquirido.

7. Me gusta ser el centro de atención cuando bromeo y me siento seguro improvisando sobre la marcha.

8. Mi humor es atrevido, irreverente y cáustico; no me asusta herir susceptibilidades para conseguir una carcajada.

9. Tengo la piel gruesa cuando la gente se burla de mí y no me importa ser el blanco de las bromas.

10. Prefiero planear el humor antes de expresarlo y no me interesa ser el centro de atención.

11. Mi humor es discreto y modesto; antes de expresarlo, pondero detenidamente cómo va a calar en los demás.

12. Creo que no vale la pena burlarse o hacer chistes de alguien porque te arriesgas a herir sus sentimientos.

Segundo paso

Suma tus puntuaciones como se indica a continuación y marca con un círculo la más alta. Cuanto más alta sea tu

puntuación, más probable es que muestres características del estilo de humor correspondiente:

TU PUNTUACIÓN		ESTILO
Suma de los puntos 1-3:	_____	Imán
Suma de los puntos 4-6:	_____	Francotirador
Suma de los puntos 7-9:	_____	Monologuista
Suma de los puntos 10-12:	_____	Cariñoso

NOTAS

Capítulo 1. El precipicio del humor

1. En el fondo de ese abismo nos espera la mayoría de los 1.4 millones de encuestados de 166 países que reveló en este sondeo de Gallup que la frecuencia con la que nos reímos o sonreímos cada día empieza a caer en picada en torno a la edad de veintitrés años.

2. P. Gerloff, «Why You Need to Laugh Like a 5-Year-Old», *Huffpost*, 22 de junio de 2011, <https://www.huffpost.com/entrada/homicidio-y-salud_b_881210>.

3. Hodge-Cronin & Associates, 1986, «Humor in Business: A Survey».

4. D. Sturt y T. Nordstrum, «10 Shocking Workplace Stats You Need to Know», *Forbes*, 8 de marzo de 2018, <https://www.forbes.com/sites/davidsturt/2018/03/08/10-shocking-workplace-stats-you-need-to-know/#76e360b2f3af>.

5. C. Hoption, J. Barling y N. Turner, «"It's Not You, It's Me": Transformational Leadership and Self-Deprecating Hu-

mor», *Leadership & Organization Development Journal* 34(1), 2013, 4-19, doi: 10.1108/01437731311289947.

6. N. Lehmann-Willenbrock y J. A. Allen, «How Fun Are Your Meetings? Investigating the Relationship Between Humor Patterns in Team Interactions and Team Performance», *Journal of Applied Psychology* 99(6), 2014, 1278.

7. T. B. Bitterly, A. W. Brooks y M. E. Schweitzer, «Risky Business: When Humor Increases and Decreases Status», *Journal of Personality and Social Psychology* 112(3), 2017, 431-455.

8. W. H. Decker, «Managerial Humor and Subordinate Satisfaction», *Social Behavior and Personality* 15(2), 1987, 225-232.

9. La buena noticia es que, si eres como los 174 000 encuestados de Gallup, es probable que ya lo hagas mucho más fuera de la oficina. Así que has estado practicando.

10. C. S. Dweck, Mindset: *The New Psychology of Success.* Nueva York: Random House, 2006.

11. R. Martin, P. Puhlik-Doris, G. Larsen, J. Gray, K. Weir. «Individual Differences in Uses of Humor and Their Relation to Psychological Well-Being: Development of the Humor Styles Questionnaire», *Journal of Research in Personality* 37(1), 2003, 48-75.

Capítulo 2. Tu cerebro y el humor

1. J. Yim, «Therapeutic Benefits of Laughter in Mental Health: A Theoretical Review», *Tohoku Journal of Experimental Medicine* 239(3), 2016, 243-249.

2. S. J. Nasr, «No Laughing Matter: Laughter Is Good Psychiatric Medicine», *Current Psychiatry* 12(8), 2013, 20-25.

3. T. B. Bitterly, A. W. Brooks y M. E. Schweitzer, «Risky Business: When Humor Increases and Decreases Status», *Journal of Personality and Social Psychology*, 112(3), 2017, 431-455.

4. D. P. Howrigan, K. B. Mac Donald, «Humor as a Mental Fitness Indicator», *Evolutionary Psychology* 6(4), 2008, 147470490800600411.

5. K. O'Quin, J. Aronoff, «Humor as a Technique of Social Influence», *Social Psychology Quarterly* (1981): 349-357.

6. T. R. Kurtzberg, C. E. Naquin y L. Y. Belkin, «Humor as a Relationship-Building Tool in Online Negotiations», *International Journal of Conflict Management*, 2009.

7. «Public Knowledge of Current Affairs Little Changed by News and Information Revolutions», *Pew Research Center*, 15 de abril de 2007.

8. G. S. Bains, L. S. Berk, N. Daher, E. Lohman, E. Schwab, J. Petrofsky y P. Deshpande, «The Effect of Humor on Short-Term Memory in Older Adults: A New Component for Whole-Person Wellness», *Advances in Mind-Body Medicine* 28(2), 2014, 16-24.

9. A. Ziv, «Teaching and Learning with Humor: Experiment and Replication», *Journal of Experimental Education* 57(1), 1988, 4-15.

10. «The State of the Union», *In Your Words*, NPR, 25 de enero de 2011.

11. A. W. Gray, B. Parkinson y R. I. Dunbar, «Laughter's Influence on the Intimacy of Self-Disclosure», *Human Nature* 26(1), 2015, 28-43.

12. D. G. Bazzini, E. R. Stack, P. D. Martincin y C. P. Davis, «The Effect of Reminiscing About Laughter on Relationship Satisfaction», *Motivation and Emotion* 31(1), 2007, 25-34.

13. T. P. German y M. A. Defeyter, «Immunity to Functional Fixedness in Young Children», *Psychonomic Bulletin & Review* 7(4), 2000, 707-712.

14. A. M. Isen, K. A. Daubman y G. P. Nowicki, «Positive Affect Facilitates Creative Problem Solving», *Journal of Personality and Social Psychology* 52(6), 1987, 1122.

15. O. Amir e I. Biederman, «The Neural Correlates of Humor Creativity», *Frontiers in Human Neuroscience* 10, 2016, 597.

16. B. M. Kudrowitz, «Haha and aha!: Creativity, Idea Generation, Improvisational Humor, and Product Design», tesis doctoral del Instituto Tecnológico de Massachusetts, 2010.

17. A. Edmondson, «Psychological Safety and Learning Behavior in Work Teams», *Administrative Science Quarterly* 44(2), 1999, 350-383.

18. L. S. Berk, S. A. Tan y D. Berk, «Cortisol and Catecholamine Stress Hormone Decrease Is Associated with the Behavior of Perceptual Anticipation of Mirthful Laughter», 2008.

19. B. K. Lee, T. A. Glass, M. J. McAtee, G. S. Wand, K. Bandeen-Roche, K. I. Bolla y B. S. Schwartz, «Associations of Salivary Cortisol with Cognitive Function in the Baltimore Memory Study», *Archives of General Psychiatry* 64(7), 2007, 810-818.

20. J. Goh, J. Pfeffer y S. A. Zenios, «The Relationship Between Workplace Stressors and Mortality and Health Costs in the United States», *Management Science* 62(2), 2016, 608-628.

21. D. Keltner y G. A. Bonanno, «A Study of Laughter and Dissociation: Distinct Correlates of Laughter and Smiling During Bereavement», *Journal of Personality and Social Psychology* 73(4), 1997, 687.

22. S. A. Crawford y N. J. Caltabiano, «Promoting Emotional Well-being Through the Use of Humour», *Journal of Positive Psychology* 6(3), 2011, 237-252.

23. M. Miller y W. F. Fry, «The Effect of Mirthful Laughter on the Human Cardiovascular System», *Medical Hypotheses* 73(5), 2009, 636-639.

24. C. Vlachopoulos, P. Xaplanteris, N. Alexopoulos, K. Aznaouridis, C. Vasiliadou, K. Baou… y C. Stefanadis, «Divergent Effects of Laughter and Mental Stress on Arterial Stiffness and Central Hemodynamics», *Psychosomatic Medicine* 71(4), 2009, 446-453.

25. M. H. Brutsche, P. Grossman, R. E. Müller, y J. Wiegand, «Impact of Laughter on Air Trapping in Severe Chronic

Obstructive Lung Disease», *International Journal of Chronic Obstructive Pulmonary Disease* 3(1), 2008, 185.

26. S. Romundstad, S. Svebak, A. Holen y J. Holmen, «A 15-Year Follow-up Study of Sense of Humor and Causes of Mortality: The Nord-Trøndelag Health Study», *Psychosomatic Medicine* 78(3), 2016, 345-353.

Capítulo 3. Anatomía de la diversión

1. J. A. Bargh y T. L. Chartrand, «Studying the Mind in the Middle: A Practical Guide to Priming and Automaticity Research», *Handbook of Research Methods in Social Psychology*, 2000.

2. J. E. Warren, D. A. Sauter, F. Eisner, J. Wiland, M. A. Dresner, R. J. Wise... y S. K. Scott, «Positive Emotions Preferentially Engage an Auditory-Motor "Mirror" System», *Journal of Neuroscience* 26(50), 2006, 13067-13075.

Capítulo 4. Saca al cómico que llevas dentro

1. P. Kay y W. Kempton, «¿Qué es la hipótesis Sapir-Whorf?», *American Anthropologist* 86(1), 1984, 65-79.

2. W. Johnson, «Leading Remotely», *MIT Sloan Management Review*, invierno de 2020, <https://sloanreview.mit.edu/article/leading-remotely/>.

3. M. Chui, J. Manyika, J. Bughin, R. Dobbs, C. Roxburgh, H. Sarrazin, G. Sands y M. Westergren, «The Social Economy: Unlocking Value and Productivity Through Social Technologies», McKinsey Global Institute, julio de 2012, <https://www.mckinsey.com/industries/technology-media-and-telecommunications/our-insights/the-social-economy>.

4. S. Vögele, *Handbook of Direct Mail: The Dialogue Method of Direct Written Sales Communication*, Prentice Hall, 1992.

5. N. Ambady y R. Rosenthal, «Half a Minute: Predicting Teacher Evaluations from Thin Slices of Nonverbal Behavior and Physical Attractiveness», *Journal of Personality and Social Psychology* 64(3), 1993, 431.

6. D. John, *Powershift: Transform Any Situation, Close Any Deal, and Achieve Any Outcome*, Currency, 2020.

7. D. Kahneman, B. L. Fredrickson, C. A. Schreiber y D. A. Redelmeier, «When More Pain Is Preferred to Less: Adding a Better End», *Psychological Science* 4(6), 1993, 401-405.

Capítulo 5. Lidera con humor

1. D. Sturt y T. Nordstrum, «10 Shocking Workplace Stats You Need to Know», *Forbes*, 8 de marzo de 2018, <https:// www. forbes.com/sites/davidsturt/2018/03/08/10-shocking-work place-stats-you-need-to-know/#76e360b2f3af>.

2. J. Morgan, «Trust in the Workplace: What Happened to It, and How Do We Get It Back?», *Forbes*, 11 de septiembre de 2014.

3. «Redefining Business Success in a Changing World: CEO Survey», PricewaterhouseCoopers, enero de 2016, <https://www. pwc.com/gx/en/ceo-survey/2016/landing-page/pwc-19º-anual-global-ceo-survey.pdf>.

4. L. Rainie, S. Keeter y A. Perrin, «Trust and Distrust in America», Pew Research Center, 22 de julio de 2019.

5. F. Newport, J. Jones, L. Saad y J. Carroll, «Americans and Their Pets», Gallup News Service, 21 de diciembre de 2016.

6. 2016 HOW Report. A Global, Empirical Analysis of How Governance, Culture and Leadership Impact Performance.

7. Informe Global Edelman Trust Barometer 2019, <https:// www.edelman.com/sites/g/files/aatuss191/files/201902/2019_ Edelman_Trust_Barometer_Global_Report.pdf>.

8. J. Harter y A. Adkins, «Employees Want a Lot More from Their Managers», *Gallup Workplace*, 8 de abril de 2015.

9. 2019 Retention Report, Work Institute, <https://info.workinstitute.com/hubfs/2019%20Retention%20Report/Work%20Institute%202019%20Retention%20Report%20final-1.pdf>.

10. Scott D. Anthony, S. Patrick Viguerie, Evan I. Schwartz y John Van Landeghem, «2018 Corporate Longevity Forecast: Creative Destruction Is Accelerating», Innosight Insights, <https://www.innosight.com/insight/creative-destruction/>.

11. Dana Bilksy Asher, «The Surprising Link Between Laughter and Learning», *Fast Company*, 10 de mayo de 2016.

12. Nuevos estudios realizados en Stanford sugieren que las personas que interpretan las historias de su vida, ya sean positivas o negativas, como comedias (y no como tragedias o dramas) afirman sentirse menos estresadas y con más energía, estímulos y satisfacciones.

13. J. Harter y A. Adkins, «Employees Want a Lot More from Their Managers», *Gallup Workplace*, 8 de abril de 2015.

14. C. Hoption, J. Barling y N. Turner, «"It's Not You, It's Me": Transformational Leadership and Self-Deprecating Humor», *Leadership and Organization Development Journal* 34(1), 2013, 4-19. doi: 10.1108/01437731311289947.

15. «Performance Accelerated: A New Benchmark for Initiating Employee Engagement, Retention and Results», OC Tanner Learning Group, <https://www.octanner.com/content/dam/octanner/documents/global-research/White_Paper_Performance_Acelerated.pdf>.

Capítulo 6. Crea una cultura de la levedad

1. N. Lehmann-Willenbrock y J. A. Allen, «How Fun Are Your Meetings? Investigating the Relationship Between Humor Patterns in Team Interactions and Team Performance», *Journal of Applied Psychology* 99(6), 2014, 1278.

2. S. Oreg e Y. Berson, «The Impact of Top Leaders' Personalities: The Processes Through Which Organizations Become Reflections of Their Leaders», *Current Directions in Psychological Science* 27(4), 2018, 241-248.

3. K. Leonard, *Yes, And: How Improvisation Reverses «No, But» Thinking and Improves Creativity and Collaboration- Lessons from The Second City*, Harper Business, 2015.

4. D. Kahneman, B. L. Fredrickson, C. A. Schreiber y D. A. Redelmeier, «When More Pain Is Preferred to Less: Adding a Better End», *Psychological Science* 4(6), 1993, 401-405.

5. F. Gino y M. I. Norton, «Why Rituals Work», *Scientific American*, 14 de mayo de 2013.

6. J. M. Berg, «The Primal Mark: How the Beginning Shapes the End in the Development of Creative Ideas», *Organizational Behavior and Human Decision Processes* 125(1), 2014, 1-17.

Capítulo 7. Navegar por las zonas grises del humor

1. A. Gherini, «What a Self-Deprecating Sense of Humor Says About Your EQ», *Inc.*, 29 de noviembre de 2018.

2. T. B. Bitterly, A. W. Brooks y M. E. Schweitzer, «Risky Business: When Humor Increases and Decreases Status», *Journal of Personality and Social Psychology* 112(3), 2017, 431-455.

3. T. F. Stillman, R. F. Baumeister y C. Nathan DeWall, «What's So Funny About Not Having Money? The Effects of Power on Laughter», *Personality and Social Psychology Bulletin* 33(11), 2007, 1547-1558.

4. *Ibid.*

5. J. Kruger, N. Epley, J. Parker y Z. W. Ng, «Egocentrism over E-mail: Can We Communicate as Well as We Think?», *Journal of Personality and Social Psychology* 89(6), 2005, 925.

6. R. K. Mallett, T. E. Ford y J. A. Woodzicka, «What Did He Mean by That? Humor Decreases Attributions of Sexism and Confrontation of Sexist Jokes», *Sex Roles* 75 (5-6), 2016, 272-284.

7. T. E. Ford, C. F. Boxer, J. Armstrong y J. R. Edel, «More than "Just a Joke": The Prejudice-Releasing Function of Sexist Humor», *Personality and Social Psychology Bulletin* 34(2), 2008, 159-170.

ÍNDICE ANALÍTICO